Bernd H. Litti

Du kommst weiter als du denkst

Das Buch widme ich meinem Sohn Mario Raphael

Für ihre großartige Unterstützung danke ich meiner Lektorin Heidemarie Hoeker, Klaus Neunstöcklin, der diesem Buch seine Form gegeben hat, und Peter Sturm für seine gute fachliche Beratung

Auf der Runde inspirierten

Michael Ballack
Dr. Horst Benzing
Sônia Bogner
Howard Carpendale
Klaus Conrad
Karin Felix
Veronica Ferres
Markus Feufel
John O'Flynn
Stephan Frhr. v. Fürstenberg
Götz Grabowski
Prof. Heinrich Harrer
Raimund Herden
Willi Hofmann
Dr. Wolfgang Houdek
Rüdiger Kowalke
Heiner Lauterbach
Sigi Reichardt
Dr. Michael Schaller
Frank Wössner
Dr. Urs Zondler

Hilfreich bei Bildern waren

Elke Junge
Gilles Hennessy
Hans-Peter Frericks
Christine Steigenberger-Woeller
Björn Renée
Tino Schuster (HUGO BOSS)
Jürgen Sautter (Bildresearch)
Claudia Carstens (Bildredaktion)
Klaus Rudolf (Nikon München)
Hans-J. Reuschenbach (Studio)

Dank für Unterstützung

HUGO BOSS AG, Metzingen
JUTEC, Limburg
The Leading Golf Courses, Deutschland und Österreich
Titleist und FOOTJOY, Deutschland und Österreich
The Ritz-Carlton, Berlin

Impressum

Lektorat: Heidemarie Hoeker, Biberbach **Buch-, Umschlaggestaltung, Satz:** Klaus Neunstöcklin, Brunnthal **Bildnachweis:** Rŭza-Maria und Bernd H. Litti, Wolfratshausen; Autorenporträt: Ellen Klose, Presse-Service Vaihingen, JUTEC Biegesysteme GmbH, Limburg, The Ritz-Carlton, Berlin **Druck:** Color-Offset GmbH, München

Printed in Germany
ISBN 3-87014-214-6

Du kommst **weiter** als du **denkst**

Golf mental – Dein Handicap ist nur im Kopf, Teil 2

ALBRECHT GOLF VERLAG GmbH

Inhalt

Vorwort

Einer der größten Feinde im Golf ist der Selbstzweifel. Noch größer wird der Feind, wenn man bei jedem Schlag daran denkt, ihn zu unterdrücken. Erst wenn alles Technische ausgereizt scheint, spüren viele Menschen, dass da noch was fehlt. Das sind nicht die sprachmächtigen Motivationskünste oder spirituellen Tricks von „Gurus", die alles versprechen und nichts halten. Mittelprächtige Golfer vergessen leicht den Einfluss des ganz normalen Alltags auf ihr Spiel. Weniger der verschossene Ball am dritten Loch gibt den Ausschlag für die Niederlage, sondern viel mehr der mitgebrachte Stress, Streit und die Sorgen „out of bounds". Anhaltende Spannungen sitzen tief und blockieren jenes leichte Hantieren mit dem Besteck, das nötig ist, um den Ball sicher im Spiel zu halten und die Partie befriedigend zu beenden. Mein größtes Anliegen ist, dass Sie mit Hilfe dieses Buchs Ihr Spiel gesund einteilen und beherzt an jeden Schlag herangehen.

Gleichgültig auf welch unterschiedliche technische und mentale Vorstellungen Sie im nahen Umfeld, beim Pro, auf dem Golfkurs oder „da draußen" treffen, Anfälligkeiten gegen allerlei Ablenkungen untergraben den Glauben an die eigenen Fähigkeiten. Schluss damit! Jeder bestimmt für sich, was ihm wirklich wichtig ist. Allein mit dem Vorsatz, Konflikte beim Schopf zu packen und Probleme fair und verständnisvoll zu lösen, lernen wir – einverstanden? – (selbst)bewusst fühlen, denken, planen, handeln und uns belohnen.

Also packen wir es auf den nächsten Seiten an. Klare Grenzen zwischen Alltag und Golf lassen sich nicht ziehen. Ein Teil der mentalen Tipps fürs Training geht gewiss ans Eingemachte. Ehrlichkeit ist gefragt. Sie dient der persönlichen Weiterentwicklung. Verbunden mit Dankbarsein eine verblüffende, zufrieden stellende Angelegenheit. Wir können mit Worten den Druck zwar nicht gleich wegzaubern und vor allzu großen Erwartungen sei gewarnt. Aber es ist schon viel gewonnen, wenn wir Kapitel für Kapitel die Kräfte bündeln und den Willen stählen, um mehr Stressstabilität zu erlangen.

Mentale Schrittmacherdienste leisten dabei liebevolle Lebensbegleiter und Freunde. Menschen, die uns moralisch unterstützen und sagen: Du musst nur an dich glauben. Menschen, die vieles schon selbst erfahren haben, die wissen, wie belastend Rückschläge sein können. Ein wundervolles Golferleben hängt nicht davon ab, wie viel „Silber" wir abräumen, sondern wie viele seelische Niederlagen wir uns ersparen. Mit den Jahren lernen wir, Dinge richtig einzuschätzen, zufrieden zu bewältigen – eben vieles gelassener zu sehen. Auf geht's! 18 Löcher und reizvolle Buchkapitel liegen vor uns.

In sportlicher Verbundenheit

Bernd H. Litti

Letztendlich entscheidet
selten ein Schlag oder
ein mentales Zwischentief
über den Ausgang
der Runde

Stress, lass nach

Wir spielen unser Spiel – und nicht das der anderen. Wir gehen unsere Schwächen und Sorgen gelassen an. Nur dem, was uns wichtig ist, schenken wir unsere Zuneigung und Zeit

Leidenschaftliche Menschen quälen sich gern. Mit Stoßseufzern sagen sie: „Erst bin ich frei, plötzlich bin ich Knecht und mache Mist." Sie halten sich für ganz schlecht, sind schon vor dem Spiel niedergeschlagen. Viele schämen sich, Flagge zu zeigen, lassen sich überhaupt nicht erst auf ihre Schwächen ein. Wer will sich schon gern lächerlich machen? Mitunter gestalten Frust und Selbstzerstörung den Alltag unerträglich. Bedrückende Lebenssituationen, offene Konflikte, überraschende Trennungen oder Todesfälle wirbeln das Gefühlsleben durcheinander. Die Welt gerät für den Betroffenen aus den Fugen. Ständiges Hintergrundrauschen und Land-unter-Stimmung hinterlassen Spuren.

Nicht selten stellt sich heraus, dass mangelndes Vertrauen in die eigenen Fähigkeiten den Schwung bremst. Wie beim Spiel übers Wasser – es scheint magische Kräfte zu haben. Die Hindernisse wirken viel größer, gewaltiger und gemeiner, als sie wirklich sind. Fehlende Anhaltspunkte auf der Oberfläche erschweren eine objektive Einschätzung der Entfernung. Okay, die offiziellen Meterangaben liegen vor, doch das Emotionsspiel macht mehr daraus. Eine Hundert-Meter-Marke nehmen viele Golfer wie 150 Meter wahr. Schon passiert es: Der Furcht einflößende Schlag schießt ins Wasser oder weit übers Ziel hinaus. Druck baut sich auf, der Körper verkrampft und die abrupte Bewegung endet in Form von Hackern oder Toppern. Durchgeknallte pusten nach derartigen Schlägen die Backen auf: „Hätte ich bloß ...!"

Nach einem überstandenen „Herz-Schlag" lehnen wir ein Ausufern in Grübeleien ab, sagen uns: Für einen Wandel ist es nie zu spät. Alles von außen lässt uns kalt

Beruhigen wir uns. „Dem Ball ist es egal, wie alt der Spieler ist", meint unser Pro am Rande. Keiner schneidet jedes Mal erfolgreich ab. Fest steht, dass unter Druck durchwegs langsamer gedacht wird. Den Ball trocken spielen, dazu gehören die üblichen Vorbereitungsschritte, treffende Schlägerwahl und klare Einschätzung des eigenen Verhaltens. Aber auch eine Vision. Denn ohne Vision, wie der Ball fliegt und wo er in etwa aufkommen soll, bleibt jede Vorstellung Stückwerk.

Wasserhindernisse machen Stress: Sie werden länger eingeschätzt, als sie sind

Es ist, wie es ist! Jeder Schlag übers Wasser ist anders, es fängt immer wieder alles von vorn an. Schnell wieder volles Vertrauen in die natürliche Rolle zu finden ist das Gebot der Stunde, sonst macht sich Stagnation breit. Es gilt, nach einem Fehlschlag gedanklich gleich wieder ganz am Ball zu sein. Der Vorrat an Kraft, die kleine rund 46 Gramm schwere Kugel solide zu treffen und sie aufs Grün zu schießen, ist längst nicht aufgebraucht. Statt einen alten schäbigen Ball erneut zu versenken, vertreiben wir mit angenehmen Gedanken die schlechte Laune und baden im Glückshormon Serotonin. Die Stimmung konsequent positiv beeinflusst, entsteht eine Gegenströmung, die die Kraft liefert, nach Schieflagen nicht den Mut zu verlieren. Zugegeben, das ist vereinfacht und verallgemeinert. Versteht der Betroffene aber, sich rasch mit sich selbst auszusöhnen, kriegt er nach Blindgängern leichter die Kurve, Verpasstes und Verpatztes wegzustecken.

Selbsteinschätzung beeinflusst natürlich. Welchen Typ verkörpern wir eigentlich? Verlieren wir schnell die Fassung, sind wir eher aufbrausend oder mehr bedächtig, unnachgiebig oder eher draufgängerisch, lieben das Geordnete oder bevorzugen das Chaos? Perfektionisten nörgeln und fluchen ständig und spielen meist im Schneckentempo. Reizbare vertragen keine Kritik und schreien jähzornig herum. Pflichtbewusste sind immer unter Zeitdruck. Sie hasten verzweifelt von Termin zu Termin. Geltungssüchtige wüten und verhauen permanent die

Ein astreiner Schlag will gut geplant sein. Natürlich steigt der Puls beim Spiel um den Sieg rasant an

Del Mar National, San Diego, Kalifornien

Abschläge, weil sie partout am großkopferten Holz oder viel zu langen Eisen festhalten. Empfindliche leiden unter der Angst, ein Mitspieler könnte wegen ihrer kreuz und quer übers Fairway geschlagenen Bälle murren. Den Gehemmten fehlt die Geradlinigkeit, sie trauen sich nicht, entschlossen durchzuschwingen, und gehen in gebeugter Haltung über den Platz.

Selbsttäuschung ist weit verbreitet. Die meisten Golfer glauben, dass sie weit mehr Geschicklichkeit im Umgang mit „Besteck" und Ball haben als der Durchschnitt. Oft passt das eigene Spiel nicht zum Bild, das man von sich hat. Altbekannt ist der Spruch: Alles, was belastet, muss beackert werden. Wer es sich beweisen will, muss sein Verhalten auf allen Betätigungsfeldern in Frage stellen. Nicht zynisch, höchstens mit einem Schuss Selbstironie. Doch Vorsicht, Ironie entzieht einem schnell die Verantwortung für den Stuss, den man spielte. Zyniker halten gern Händchen mit der Ironie. Dabei würden ihnen eher Mitgefühl und eine Umarmung helfen. Ebenso verhält es sich oft mit der Selbsteinschätzung. Töricht, unbeherrscht, gierig und geil sind immer bloß die anderen!

Das tut weh. In gar nicht so seltenen Fällen werden manche mit der Nase darauf gestoßen, dass ihr geschöntes Selbstbild abseits jeglicher Realität liegt. Deprimiert nach wüstem Geplänkel und verheerendem Gegolfe wollen sie die Golftasche für immer in die Ecke schmettern und sich ganz von der Sportart zurückziehen. Noch am Boden zerstört sagen sie: „Golf ist nichts für mich!" Von hormonellen Schwankungen bis zu mangelnder Geduld ist die Rede. Doch manchmal erkennen sie auch schlicht und einfach die nackte Wahrheit: Ich bin gar nicht so toll, wie ich's mir immer einbilde. Viele Golfer gelangen vor allem in den ersten Jahren ihres Golflebens an diesen Scheideweg. Die Mehrzahl holt ihr Bag bald wieder aus der Ecke, hat es weder in den Teich geworfen noch bei e-bay im Internet verkloppt. Es folgt die Kehrtwende: Rückschritt vom endgültigen Rücktritt.

Unersättliche machen sich schneller was vor

Militante Optimisten gehen im Krisenfall lediglich von einer mental bedingten Delle aus. „Die nötige Lockerheit, die man für den Erfolg braucht, geht bei mir nie lange verloren." Auf die Betrachtungsweise kommt es an. Pessimisten zweifeln bevorzugt Grundlagen an. Besonders an trüben Tagen werden Schwung, Stand und Spielweise niedergemacht. Was um Himmels willen ist geschehen? Die Schläge fallen längst nicht so leicht aus wie gewöhnlich. Besonders wer viel spielt und trainiert, fordert auch viel vom Einsatz zurück.

Neue Pros geben Betroffenen oftmals neue Frische. Wie lange das Sprichwort „Neue Besen kehren gut" allerdings greift, weiß keiner. Eine Langzeitgarantie bringt ein Trainerwechsel selten. Auch wenn nur geringe Erfolge einkehren, die Gunst der Stunde des (wieder) gewonnenen Selbstbewusstseins kann ruhig genützt werden.

Solange man von der Richtigkeit seines Handelns überzeugt ist, füllt man es mit seiner ganzer Präsenz aus

Schwingt sich der Schwung zum Feind auf, gibt es kein Entkommen. Mit der Furcht im Nacken vor dem nächsten Schlag geht es weiter. Eine endlose Tortur. Martyrium am Tee, auf Fairway und Grün. Feuchte Hände greifen den Schläger. Nur ein paar Sekunden lang, dann ist der Spuk hoffentlich vorbei. Nicht immer muss es so zermürbend ablaufen. „Reiß dich zusammen, verdammt nochmal!" Bei so manchem Golfer ist der Kampf im Kopf Ursache für die Qual. Die meisten wollen das nicht wahrhaben. Interessierte und verständnisvolle Partner, wie ein aufrichtiger Pro, hören im Gespräch heraus, was das Gegenüber wirklich bedrückt. Geschichten sind natürlich niemals neutral und wertfrei. Doch was einengt, lähmt und destruktiv wirkt, sollte schonungslos zur Sprache kommen.

Jedes Gefühl auf seiner Stufe gelten lassen

Golf darf nie ins Leere laufen, deswegen muss der Spieler sich mit seiner Geschichte versöhnen, damit nicht weiter psychische und physische Energien verschwendet werden. Denn je mehr wir versuchen, Belastendes zu unterdrücken, umso mehr bleibt es präsent. Von wegen Volksmundweisheit: „Musst du im Herzen noch so weinen, nach außen sollst du heiter scheinen." Oder: „Glücklich ist, wer vergisst, was doch nicht zu ändern ist." Nicht immer führt die Erkenntnis aus der bekannten Operette „Land des Lächelns" von Franz Lehar zur gewünschten Erleichterung.

Der Verdrängungsmechanismus des Einzelnen funktioniert unterschiedlich. Doch eins ist gewiss: Niederlagen verblassen oder werden umgeschrieben. Siege oder alles, was einen erfreulichen Ausgang hatte, ist im Gedächtnis verankert, so als ob es gestern gewesen wäre. „Mein lieber Scholli, war das schön ...!" Weiter so. Nun kommt Vertrautheit ins Gespräch. Entkrampfung und Entlastung entstehen durchs Austauschen, Mitteilen. Es schafft über die Grenzen der Golfanlage hinaus neue Optionen und hat positive Auswirkungen aufs Zusammenleben im Alltag. Einerseits wächst gesunder Nährboden für Lebensqualität, andererseits erkennen wir bei der Selbstöffnung, dass unsere Mitspieler oft ähnliches Gedankengut und Konfliktstoff belasten.

Dem Ärger Luft machen – nicht nur gesäuselt. Wer auch mal heftig wird, erspart sich Magendrücken. Stehen die Zeichen auf Sturm, suchen wir einen Weg, den Adrenalinspiegel wieder zu senken. Denn wer wütend ist, kann nicht sachlich einen Ausweg suchen. Einige schwören aufs stumme Kopfkreisen. Anderen hilft es manchmal schon, abseits Probeschwünge zu praktizieren und mit sich selbst positiv zu plaudern: „Jetzt reg dich nicht auf, werde wieder locker!“ Und ebenso hilft es, die Schultern hochzuziehen und wieder entspannt fallen zu lassen: „Ist doch nur ein Spiel.“ Nix da mit: „Da kannst du nichts machen, das ist halt so.“ So was ganz aus dem Vokabular streichen und ersetzen durch beschwörende Sätze wie: „Das packe ich gleich an.“ „Das krieg ich hin.“ Kurzum: weniger vorwurfsvoll in der Vergangenheit wühlen, sondern die Augen ausschließlich nach vorn richten. Sicher wird die gesamte Muskelverspannung abnehmen. Und vor allem das Gemüt abkühlen. Gelingt dann auch noch der nächste Schlag, sind wir zurück. „Es ging ein Ruck durchs Spiel“. Mit ein bisschen Übung und gutem Willen gelingt es so, Aussetzer verblüffend einfach ins Abseits zu stellen.

Einige schwören auf Kopfkreisen gegen Stress

Sklaven des Jähzorns geben mitunter zu, dass sie nicht anders können. Schon geringste Spannungssituationen bringen sie auf 100 und es kann schlagartig zu übertriebener Entladung von Affektstaus kommen. Um nicht langfristig grenzwertig zu bleiben, empfehlen sich Strategien von Profis, die in der Tiefe der Psyche einsetzen. „Ich wurde in Trance versetzt und erhielt Leitsätze wie „Bleib gelassen am Ball!“, „Entwickle und kanalisiere deine Aggressionen zu einem Bild mit gelungenem Ausgang“. Der mutige Schritt, sich auf eine therapeutische Behandlung einzulassen, zahlte sich aus. Der Betroffene lernte, spontane Impulse zu kontrollieren und Konflikte positiv zu lösen. Heute schüttelt er den Kopf und sagt „Wenn ich zurückblicke, mich erinnere, wie ich aufgetreten bin, denke ich, wie ein Irrer gehandelt zu haben. Manchmal nur, weil ich mein Sch...spiel nicht mehr ertrug.“

Die bösen Gedanken sind unsere wirklichen Feinde

Dalai Lama

Stichwort

Stress, lass nach

Wege aus der allgegenwärtigen Zwickmühle suchen

Mag sein, dass tiefer liegender Stress – weil nicht sein kann, was nicht sein darf – manchmal härter zurückkehrt, wenn der Score zum Haareraufen ist. Grundsätzlich: weniger nachdenken über Vergangenheit und Zukunft. Der Augenblick zählt, nicht nur im Spiel, auch im Leben. Es braucht halt seine Zeit, um Schläge bewältigen zu können.

Stressauslöser outen und Ausschau nach Antistressmitteln halten

- Sich von allen möglichen Pflichten weniger auffressen lassen
- Nie zum zornigen Gegenangriff blasen
- Niemandem die Schuld geben, wenn es nicht so läuft wie gewünscht
- Nicht die beleidigte Leberwurst spielen
- Kein Trostgerede anstimmen, sondern sich stark reden: Du kannst es
- Im positiven Selbstgespräch Schwächen klein halten
- Alles, was ablenkt und einengt, ausschließen
- Gleich mal etwas ganz anderes machen
- Auf Ermunterung setzen, nie auf Strafe
- Genügend Anerkennung einheimsen, sich nie ganz abkapseln
- An Situationen denken, die souverän gemeistert wurden
- Harmonie mit sich selbst und anderen (wieder) herstellen
- Sich mehr Spielraum verschaffen für das, was Spaß macht und gut tut
- Sich lächelnd motivieren: Ich hab gute Ansätze, ich brauch halt noch Zeit
- Manche Menschen überfällt unter Stress Bewegungsdrang
- Anhänger regelmäßiger Bewegung schwören darauf: Aktivität mit Schwung, aber auch mit Sex hebt die Stimmung
- Sich Auszeiten gönnen, um innezuhalten: täglich Stille erleben. Zum Beispiel einfach nur mal zehn Minuten dastehen wie ein Baum und seinem Atem lauschen

Etwas muss sich ändern

Die Macht der Gewohnheit plagt unzählige Golfer. Dass sie bedrückt ein paar Pfund zu viel über den Platz schleppen oder spezielle Löcher regelmäßig auf die gleiche Weise verschlagen, mögen sie gewisse Zeit überspielen. Dann reicht's plötzlich! Mit der Erkenntnis: „Die Zeit ist reif, ich bin es wert, das Beste aus meinem Leben zu machen", entsteht eine neue Ära

Egal was wir ändern wollen, wir müssen uns darauf einstellen, dass es nicht gleich so rund läuft wie gewünscht. Sich mal eben Verbote aufzuerlegen führt noch lange nicht zum Ziel. Beim Abnehmen wie beim Aufschwung. Die Gier nach Schokolade oder Nachlässigkeit im Schwung holt uns schnell ein.

Vergleichen verändert. „Verdammt nochmal, wenn andere das können, kann ich das schon lange!" Positiv verlaufene Geschichten aus dem nahen Bekanntenkreis, bewegende Biografien, aber auch überraschend anregende Begegnungen mit Leuten, die uns eher weniger liegen, ermutigen, Vorsätze zu fassen. Wie etwa: unglückliche Kontakte lösen, gesundheitsschädigende Gewohnheiten abgewöhnen oder belastende Lebenssituationen ändern. Einfacher gesagt als getan. Die überwältigende Mehrheit sucht schnelle Lösungen, gibt allzu rasch auf und zieht sich wieder aufs Ruhekissen zurück. Die Gefahr ist groß, aus Bequemlichkeit sitzen zu bleiben.

So gerät allerhand, zerrissen zwischen Wunsch und Wirklichkeit, zur wechselhaften Partie. Zaudernde und zaghafte Auftritte, die das Leben schwer machen, wiederholen sich. Gerade beim Golf. Wie Espen-

Über kurz oder lang: Sie hat die Faxen dicke, will nicht länger nach verzogenem Schlag herumsuchen. Höchste Zeit, sich intensiver mit dem Schwung auseinander zu setzen

Fan Ling, Hongkong, China

laub zitterte seine Hand, als er den Ball aufteete – hackte, suchte und verwünschte. Flüche und die vorwurfsvolle Litanei an Gott und die Welt befreien nicht aus der Lage. Es hilft kein Rummaulen, kein Reuespruch oder Selbstvorwurf: Viel zu technisch vorgegangen! Rückschwung nicht ganz ausgeführt! Nicht voll – wie es in Golferkreisen heißt – mit dem Schlägerkopf durch den Ball geschwungen. „Im Grunde hatte ich schon wieder die Hose voll", sagt der Betroffene mit gequältem Lächeln und erfrischender Ehrlichkeit.

Es gibt Schläge, die verfolgen einen Spieler ewig. Und es gibt Rückschläge, die können ihm weiterhelfen, vorausgesetzt er zieht die richtigen Schlüsse. Dem Moment, als der Schlag wüst endete, der Golfer aber noch aussichtsreich lag, folgte eine Kettenreaktion: „Ich ärgerte mich wie bekloppt, verlor jegliche Konzentration und verpatzte die nächsten drei Löcher."

Bei keinem Sprung gibt es die Garantie auf gute Landung

Ohnehin klammern sich fehlgeschlagene Versuche meist so fest, dass einige Spieler in eine Abwehrhaltung verfallen, in der sie zusätzlichem Druck von außen nur noch trotzig begegnen: „Lasst mich in Ruhe, ich spiel meinen Stiefel runter." Zum Glück kippt die starre, meist destruktive Haltung wieder, Einsicht gewinnt die Oberhand. Enttäuschungen, Frustrationen und der nagende Gedanke, große Chancen verpasst zu haben, dürfen keine Spuren im weiteren Spiel hinterlassen. Golferfahrene erleben immer wieder Wendungen im Spiel und nicht selten hatte der Glaube ans gute Ende den Ausgang erneut offen gestaltet, die drohende Niederlage verhindert. Drei, vier Putts fielen und schon wurde der Sack zugeschnürt. Die Freude über den glücklichen Ausgang war riesengroß.

Die Mehrzahl der Menschen ist schnell ungehalten und erwartet, wenn sie Geld, Zeit und Arbeit investiert, sofort zufrieden stellende Ergebnisse

Bestimmten früher Segel und Pferd das Gefühl für Zeit und Entfernungen, jagen die Menschen heute ihren Pulsschlag unentwegt in den Maximalbereich. Das treibende Gefühl, immer schneller leben zu müssen, verzerrt den Blick fürs Wesentliche. Tugenden, wie zu sich selbst auf Distanz zu gehen und sich selbstkritisch zu beobachten, bleiben auf der Strecke. Schwelende Unzufriedenheit macht sich breit. Witzig oder wahnsinnig: Die meisten Hektiker sehen sich als Opfer des Temporauschs. Massives Tempodrosseln hilft sicher, Stresssituationen besser zu bewältigen und Herausforderungen reaktionsschneller zu meistern. Vorausgesetzt wir wollen nicht alles auf einmal.

Wer sich nicht von Altlasten trennen kann, versäumt häufig, aus den Myriaden von Ratschlägen jene herauszufiltern, die für ihn Erfolg versprechen. Keiner muss ewig Gefangener seiner Vergangenheit sein. Es gibt genügend Golfspieler, die es verstanden, ihr Potenzial auszureizen, weil sie erkannt hatten, auf was es ankommt: sensibel auf momentane Stimmungen achten, kleinsten Details im Schwung und in der Strategie die volle Aufmerksamkeit schenken.

Spieler aus jeder Handicap-Klasse, die die Welt nur von ihrer Warte aus sehen wollen, erwarten von sich stets nur Superlative. Sie neigen dazu, Schwächen vor sich und anderen zu verstecken. Sie entwickeln zahlreiche Listen, sich selbst zu täuschen. Ihre mitunter massive Unsicherheit reduzieren sie, indem sie sich über die Maßen stark reden. Bei Gegenspielern dieser Grundhaltung lauert hinter jeder Ecke Gefahr. Das Erkennen eigener Schwächen führt häufig zu einem negativen Gefühl. So was lastet unangenehm auf den Schultern. In dem Fall kühl zur Kenntnis nehmen, was um uns abläuft und was andere gerade zu Wege bringen. Kopf freihalten.

Nie die Augen vor der Realität verschließen

Mutig mimt einer den Helden, greift voller Stolz zum Holz. Der Glücksritter will mit einem Hieb aufs winzige Grün des Par 3. Das liegt ungeheuer weit weg, umgeben von sandreichen Gruben. „Sandies are not my friend", murmelt unser Hero vor der Attacke – im stillen Glauben, dass nur ein Sonntagsschuss ihn retten kann. Warum wählt er nicht die defensive Variante: sicher vorlegen, das wahrscheinlich nervenaufreibende Bunkergemetzel vermeiden? Zumal ein Bogey im Grunde genommen seiner Spielstärke entspräche.

Wer es zulässt, auch mal danebenzuliegen, hilft sich selbst

Fehler als ärgerliche Störenfriede seines Spiels zu empfinden, lässt allzu leicht vergessen, notwendige Korrekturen vorzunehmen. Sicher sind Fehler nichts Lobenswertes, dennoch dienen sie in unzähligen Fällen als nützliche Kraftquelle für unser Verhalten in der Zukunft. Siegreiche Golfer verzeihen sich sofort nach einem missglückten Schwung. Sie praktizieren meist noch auf der Stelle einen „richtigen" Probeschwung. Diese Hilfsmaßnahme soll das gewohnte Schwunggefühl gleich wieder herstellen. Andere halten im Rückschwung an. Kontrollieren die Armstreckung, Gewichtsverlagerung, Schlägerkopfrichtung und so fort, denn wenn nur ein Detail nicht stimmt, ist in Sekundenschnelle der Schlag verpatzt.

Verspricht sich der Nachrichtensprecher im Fernsehen, redet er weiter, als ob nichts gewesen wäre. Warum sollte er sich am Versprecher aufhalten? Greift der Artist auf dem Trapez im Luftsprung ins Leere und fällt ins Netz, schwingt er sich ohne Umschweife wieder nach oben. Missglückt uns künftig ein Schlag, beherzigen wir: Keiner ist fehlerfrei. Jeder paukt am besten maßgeschneiderte Abwehrstrategien für Rückschläge, killt Selbstvorwürfe und sagt sich gebetsmühlen artig vor jedem Schlag: Spiel so, als wär's der bedeutungsvollste Drive, Chip oder Putt des Tages.

Durchhalten: sich selbst motivieren

Fliegt jedoch der nächste Abschlag unauffindbar ins hohe Ungemähte, versinkt abgrundtief im Teich oder verfängt sich im weitläufigen Gestrüpp, zieht so mancher eine Flappe. Erschüttert schleichen Angeschlagene nach Turbulenzen über die Spielbahn. Mühselig finden sie heraus, dass ihr Spiel kaum noch so verläuft, wie sie es sich vorstellen. Für heute aufhören oder gar ganz aussteigen? Misserfolge gelassen ertragen, Irrwege erkennen und Rückschläge akzeptieren, will gelernt sein. Alternativen entwickeln, mutig unbekannte Pfade gehen und die Politik der kleinen Schritte verfolgen, ist nicht selten mit harter Arbeit verbunden – vor allem aber mit Geduld. Moderates Umlernen ist gefragt. Stresssituationen und Suggestionen während des gesamten Umstellungsprozesses klein halten. Eben nicht gleich ins andere Extrem verfallen und Bahnbrechendes leisten wollen. Denken wir uns ruhig mal vor jeder Aktion ins Niemandsland zwischen „nicht mehr“ und „noch nicht“. Ohne uns zu verbiegen, suchen wir Mittelmaß, fordern und beanspruchen uns regelmäßig – verändern uns eben.

Leichtes Spiel ist immer das Schwerste

Verdammtes Schwarzsehen. Der riskante Abschlag am Par 3 endete als Spiegelei im Hindernis. Sicher aus dem Bunker spielen ist nur für wenige so einfach wie Sandkuchen backen. Angst macht sich breit – und lähmt. Das kostet den Überblick. Komme ich mit einem blauen Auge davon oder muss ich gleich mehrere Schläge einstecken. Gedankenausflüge, die sich störend auf die Konzentration auswirken. Wer freilich der festen Überzeugung ist, den Schlag, der vor ihm liegt, hundertmal geübt zu haben, bei dem wird die Fehlerstreuung gering sein und die Wahrscheinlichkeit hoch, dass er gelingt. Wenn er dennoch schlecht ausfällt, liefert der Tatkräftige gleich eine sinnstiftende Erklärung hinterher: „Ist ja noch lange nichts verloren.“

„Man muss auch Ziele aufgeben – oder einen neuen Weg suchen.“ Kein Grund, sich ohnmächtig zu fühlen. Mancher zweifelt irgendwann im Stillen, ob er die Schlagart je erreicht. Was passiert, wenn nichts passiert? Zuerst quälen sich viele mit der Frage, was sie falsch machen. Einige erkennen schnell, die Schlagvariante für ihr Spiel begraben zu müssen, ohne sich dadurch in eine existenzielle Krise zu stürzen. Andere durchbrechen ihr starres Denk- und Handlungsmuster mühseliger, bevor sie die Erkenntnis gewinnen, den gewagten Bunkerschlag ganz aus der Bewältigungsstrategie zu streichen.

Eine erwartete Enttäuschung tut längst nicht so weh wie eine unerwartete

Wir denken vor dem Schlag nach, halten Emotionen unter Kontrolle und rechnen uns aus, was uns gelingen könnte. Mit dieser Taktik bewahren wir uns vor dem Schlimmsten. Langfristig vergrößern wir in vergleichbaren Situationen die Chancen, indem wir unsere Fähigkeiten genauer kennen lernen und auf sie vertrauen. Das Gefühl, etwas sinnvoll zu wagen, verstärkt die Durchsetzungskraft. Das steckt an. Verhilft folgenden Schwüngen zum Wohlklang. Mitunter versetzt es in die Stimmung, möglichst viel Golf aus dem wechselnden Rhythmus von Spannung und Entspannung herauszuschlagen.

„Schlimmer als Entbehren, als Nichthaben ist, auf etwas rechnen und es nicht bekommen", schrieb Heinrich Heine. Manche verhalten sich immer wieder ungeschickt und verlieren mehr, als sie glauben. In Krisenphasen fühlen sie sich schnell unsicher und überwältigt vom Druck, Entscheidungen fällen zu müssen. Dann und wann werden sie mit Problemen konfrontiert, die aus eigener Kraft kaum zu lösen sind. Sie bohren ständig in der Schuldfrage. Treiben das Spielchen auf die Spitze und gründeln tief in der Kindheit. Andere folgen dem Slogan aus dem Land der unbegrenzten Möglichkeiten: „We have no problems, only solutions", wir haben keine Probleme, nur Lösungen.

Wasch mir den Pelz, aber mach mich nicht nass, läuft nicht

Klarheit muss her. Nicht: „Wer trägt die Schuld?", sondern: „Wie geht's weiter?" lautet die Parole. Was wird gewünscht und bis wann erwartet? Die Antwort setzt voraus, dass wir uns öfter selbst anzweifeln, Fronten klären, Hilfestellungen von Verbündeten akzeptieren. Jedoch geben wir niemals unsere Unabhängigkeit auf oder werten Fortschritte ausschließlich im Kosten-Nutzen-Vergleich. Und vor allem: raus aus der Bequemlichkeitsfalle. Keine faulen Kompromisse mehr machen.

Alle Veränderungen werden von uns, bildlich gesprochen, in Stein gemeißelt. Nichts mehr wird bedeckt gehalten. Auch nicht der Abschied vom Altvertrauten. Jedem, der es hören will, erzählen wir unsere Entschlüsse. Mit den Mitwissern im Kreuz erhält das Ganze zusätzlich Gewicht, auch wenn es manchmal im Bauch kribbelt, das Leben weiter so süß zu genießen: „Noch ein Stückchen Schokolade?"

Bring die kleinen Dinge in Ordnung, und die großen folgen ganz von selbst

Josef Kirschner

Stichwort

Etwas muss sich ändern

Fortschrittbremse bei Veränderungswillen loslassen

Schicksalsschläge können Auslöser sein, sich völlig umzukrempeln. Um sich stabil zu verändern, kann Luftveränderung wertvolle Beiträge leisten. Dem Alltag entflohen ist es leichter möglich, sein Gefühlsleben zu erforschen, emotionale Erschütterungen zu verarbeiten, persönliche Entwicklungen in Gang zu setzen.

So bleibt nicht alles beim Alten

- Als Erstes anfangen, sich realistisch ins rechte Licht zu rücken
- Skepsis gegen Blitzdiagnosen von Unberufenen, so genannten Freunden und Wichtigtuern anbringen, die vorschnell betören oder glauben lassen, alles zu verstehen
- Sich die Frage stellen: Wer hat was davon, wenn alles so bleibt wie bisher
- Um mit manchen Betroffenen über Veränderungen zu sprechen, heißt, sie nie um Erlaubnis zu fragen
- Kompromissbereit, aber nicht konformistisch sein
- Im Aktionsplan definieren: wann, wie oft, nach welcher Methode und mit wem zielführende Schritte machen
- Schriftlich festhalten, was rasch zu reifen scheint, oder *Warum* es gelungen ist
- Sich von vornherein im großzügigen Zeitrahmen mehrere Anläufe gönnen
- Veränderungsabsichten können rasch im Kampf gegen alltäglichen Kleinkram an Boden verlieren
- Öfter zu sich auf Distanz gehen und sich selbstkritisch beobachten
- Es gibt keine Sicherheit, stets das Richtige zu tun
- Immer bedenken: Wer viele Herausforderungen annimmt, kann schneller und öfter als „Erst doch, dann nein"-Kandidat scheitern
- Aufgeben lernen: Selbst taffe Siegermentalitäten, tolle Stressresistenz und totale Entspannung sind keine Garantie, gewünschte Ergebnisse zu erzielen, wenn schlichtweg die Fundamente fehlen, mit deren Hilfe der Stress in eine positive Kraft verwandelt werden kann

Wer es versteht, vom Augenblick des Anklickens die Konzentration – von der Ballansprache bis zum Schlag – im gleichen Sekundentakt zu halten, „tanzt“ selten aus der Reihe

Shek O, Hongkong, China

Vom Ritual zur Routine

Spitzengolfer wehren sich nie gegen vorgestanzte Verhaltensweisen. Es fällt ihnen leicht, goldene Regeln einzuhalten. Ständige Spiel- und Schlagvorbereitung ist für sie von jeher ein Garant für solides Golfspiel. Wer seine Pre-Shot-Routine verlässt, der verliert, verzweifelt, versinkt. Auch wenn nicht jeder die radikale Einhaltung teilen will, fest steht: Beständigkeit (ver)stärkt!

Trainingsweltmeister aufgepasst. Was nützt es, im Training schöne Bälle zu spielen und auf der Runde zu versagen. Bei vielen Handicappern treten eklatante Klassenunterschiede zwischen Übungsplatz und Spielbahn auf. Es wird Zeit, die Leistungsgrenzen auszuloten und mehr Effizienz ins Wettspiel zu transferieren. Die Ausgeglichenheit, zu der ein exakt festgelegter Ablauf vor jedem Schlag führt, macht widerstandsfähiger gegen Ablenkungen und Aufregungen. In der Routine liegt die Kraft!

Die Methoden der Schlagvorbereitung variieren. Ob mit Zen getränkt und gesenkten Lidern, kurz und zackig oder ausschweifend und rhythmisch wie ein Derwisch im Drehtanz, bleibt jedem selbst überlassen. Der eine brachte sich allerhand selbst bei, dem anderen stand ein versierter Lehrer zur Seite. Der springende Punkt: Ausschläge klein halten und den Ablauf des Vorbereitungsrituals ohne zu viel Körperbetonung und komplizierte Formen bewahren. Routine vor der Runde und vor jedem Schlag steht selten auf dem Trainingsplan der Pros. Sie feilen lieber mit Übereifer an der Technik oder füllen den Kopf des

Schützlings mit zig Schwunggedanken. Im Gegensatz zu zahlreichen Gelegenheitsgolfern halten Weltklassegolfer am vertrauten Vorspiel in jeder Phase des Wettkampfs, aber auch im Privatspiel fest.

Für jeden siegreichen Profi ist das Ritual nach eigenen Regeln für die Handlung vor und bis zum Schwungende notwendig, ja sogar überlebenswichtig. Routine, sensibel, entspannt und überzeugt ausgeführt, hilft, Stress nach misslungenem Schlag leichter zu überwinden und das Spiel schneller wieder zu stabilisieren. „Stets der gleiche Ablauf vor jeder Aktion gibt mir ein sicheres Gefühl", sagt ein bekannter Playing-Pro. Amateure, die Vorspiele vor dem 1. Tee und Set-ups – wie der letzte Schritt vor jedem Schlag in der Fachsprache heißt – als Wegbegleiter ablehnen, schlittern leicht in Abenteuer-Golf. In schräger Lage, weit abgeschlagen im Score, ohne üblichen Probeschlag, neigt der Frustrierte dazu, es bloß rasch hinter sich zu bringen. Doch wenn alles nur noch schnell gehen soll, läuft oft gar nichts mehr. Andererseits: Mischt einer vorn im Turnier mit, schlägt sein Pegel der Nervosität aus und die Schlagzahl seiner Probeschwünge erreicht Schwindel erregende Zahlen.

Fehlende Routine macht störungsfreies Zusammenspielen von Kopf und Körper zunichte

Unsägliche Gedanken schießen dem Sportsfreund durch den Kopf. Ängstlich steht er am nächsten Abschlag: „Du lieber Himmel, warum wurde die Spielbahn so bedrückend schmal angelegt? Welches Resultat bricht jetzt über mich herein? Kommt es zu einer Zählorgie?" Bedrückendes belastet. Vertrautes entlastet. Erfreulicherweise sinken die Ängste im Glauben an die richtige Einstellung zur Schlagvorbereitung. Vergleichbar mit Religionen. Buddhisten meditieren mit einem Mantra, fromme Katholiken lassen den Rosenkranz durch die Finger gleiten und Muslime sinnen einem der 99 schönen Namen Allahs nach. Alle verbindet der Wunsch zur Einkehr. Was unter Hochdruck hinter der Stirn vorgeht, ist entscheidend für die entspannte Haltung. Positive Gefühle, eben gut drauf sein, benötigen Zeit, sich zu entfalten. Offenbar kann im Grunde jeder sein Gehirn auf mentale Versenkung trainieren. Das beweisen Sieger, die stur in sich gekehrt, ohne schnurren, seufzen und stöhnen jeden Schlag nach ihrem Drehbuch spielen.

Es gibt keine schweren oder leichten Rollen. Technik, Timing und Entschlusskraft müssen überall gleich sein. Der nächste Schlag ist immer der wichtigste – schon im Vorsatz

Technisch sitzt der einmal entwickelte Vorbereitungsablauf:

1. Hinterm Ball stehen und sich den Schlag vorstellen
2. Entschlossen loslegen, alle Gedanken gelten ausschließlich dem Ziel
3. Schlägerblatt mit Hilfe eines Zwischenziels – das kann ein Grashalm oder eine Divot-Spur sein – square zum Ziel aufsetzen
4. Sich danach korrekt zur Ziellinie ausrichten
5. Noch einmal tief einatmen, das stabilisiert und entspannt!
6. Schwung zielorientiert und konsequent durchführen

Im ganzen Vorbereitungsmechanismus dreht sich alles ums Ziel

Weiteres ergibt sich individuell: Probeschlag ja oder nein? Mehrere? Ausführung gegenüber oder hinter Ball und Ziellinie ist eine Frage der persönlichen Einstellung. Manche meinen, der Probeschwung könnte der bessere sein und verzichten darauf. Andere schwören auf Summen und Schwingen. Egal für welche Variante wir uns auch immer entscheiden: Hauptsache zackig. Höchstens zwanzig Sekunden. Denn je länger sich die sechs Akte hinziehen, desto eher verkrampfen Muskeln und schwirren unnötige Gedanken im Kopf umher. Apropos Kopf – wie kommt die gewünschte Hingabe aus der Versenkung in die vorgesehene Reihenfolge?

Jeder kennt dieses Abtauchen aus dem Alltag. Wundervolle Musik, ein fesselnder Film oder kniffliges Puzzeln. All das kann den Geist so gefangen nehmen, dass die Welt rundherum verstummt. Scheinbar alles bündelt sich wie ein Laserstrahl auf das momentane Tun. Doch Vorsicht: Bei einem klappt's ganz ausgezeichnet, der andere ist zu tollpatschig und wieder einen anderen schreckt das Getue ab. Und ob das Gehirn die Begabung zum totalen Abschalten vor der Routineprozedur auf die gesamte Runde transportieren kann, ist auch bei jedem Spieler anders: Manche kriegen es mit spielerischer Leichtigkeit geregelt, anderen gelingt es nur mühevoll oder so gut wie gar nicht.

„Der hat sie nicht mehr alle“, spotten Spieler über einen Flight-Partner. Es fing schleichend an: Zuerst beobachteten sie ihn auf dem Parkplatz und später am Abschlag. Ständig fummelt er am Golfbag rum. Kontrolliert seine Schläger: Fehlt wirklich keiner? Zigfach checkt der Mensch seinen Schlägerbestand, auch während des Spiels. Zu guter Letzt hält er sich laufend den Ball nach Durchdrehen im Ballwascher prüfend vor Augen, um zu sehen, ob auch die letzte Delle sauber ist. Auf dem Tee macht sich ein weiterer Zwang bemerkbar. Befindet sich der Ball innerhalb des Abschlags? Nach den Spielregeln in einer rechteckigen Fläche, zwei Schlägerlängen tief, deren Vorder- und Seitenbegrenzungen innerhalb von zwei Abschlagsmarkierungen verlaufen. Der überaktive Reinlichkeits- und Prüfzwang lenkt den mittelprächtigen Spieler alle naselang wieder ab. Was löst derart zwanghafte Störungen aus? Mangelndes Selbstbewusstsein? Angst vor einer Blamage?

Verspannungen hängen oft von der Tatsache ab, keine klare Ballansprache zu haben

Ein Mitspieler mit psychologischen Kenntnissen meint: „Ein Ausbrechen aus Zwängen kann trainiert werden.“ Wie? Mit Konfrontationsübungen. Mutig stellt sich der Spieler Situationen, die er fürchtet. In schrecklichen Lagen schlägt er jeweils sechs Bälle und wertet sie aus. Gelingen mehr als die Hälfte der scheinbaren Zwangsschläge, wird das notiert und die Gefahrenstelle gewechselt. Das Ganze wird wiederholt. Nach und nach werden die Fehlschläge geringer. Den Wettkampf mit sich selbst bestreitet der Golffreund ausschließlich, um besser zu werden. Wahrscheinlich wird das Zwanghafte nicht sofort besiegt, doch die Zeit, dass es ihn beherrscht, nähert sich mit jeder Zwangsaufgabe dem Ende.

Wie auffällig der Einzelne auch sein mag: Routine findet immer Niederschlag im Resultat. Dem stets aufgeschlossen gegenüberzustehen ist gut fürs Spiel. Das ist so einfach und doch so schwer

Die Pre-Shot-Routine, wie es in Fachkreisen heißt, lässt weit reichende Rückschlüsse auf die Spielstärke zu. Erfahrungsgemäß sind Klassegolfer, die Kontrollgefühle abrufen, ruhiges Tempo anschlagen und an ihrer Vorbereitungsroutine festhalten, wesentlich belastbarer im

Golfspiel. Sie lassen sich nicht gleich von Rückschlägen auffressen. Kümmern sich viel um sich selbst und beherrschen es, sich zu steuern. Im Brustton der Überzeugung meint ein Profi: „Wenn die Vorbereitung rundum stimmt, liegt das tatsächliche Risiko, viele Bälle falsch zu erwischen, bei null."

„Als ich bei einer Meisterschaft den letzten Putt verpasste", plaudert der Profi aus dem Nähkästchen, „wollte ich am liebsten im Loch verschwinden." Das Spotten oder das Mitleid im Clubhaus waren das geringste Übel. Schlimmer war die ständige Erinnerung vor jedem vergleichbaren Putt. „Ich fragte mich unaufhörlich, warum ich das ausgerechnet im Wettbewerb erfahren habe." Es gibt Golfer, bei denen spielt sich ein Verhaltensfehler noch nach Jahren im Kopf ab. So mancher erholt sich nie mehr vom Missgeschick und kriegt das große Zittern auf dem Grün nicht mehr los. Mittlerweile sicherte sich unser Mann mehrmals die Meisterschaft. Zuverlässige, zügige Routine spiegelt seine Persönlichkeit wider. Auch beim letzten Sieg erledigte er einen Kurzen ohne erkennbare Schwächen. „Voll konzentriert und ausgestattet mit dem nötigen Selbstvertrauen behandle ich jeden Schlag gleich, indem ich ihm ruhig im Rhythmus der Routine begegne. Im Gegensatz zu früher hilft es mir, entschlossener zu Werke zu gehen."

Kontrollgefühle abrufen, ruhiges Tempo anschlagen

Durchschlagskraft und Weitblick sind für Golfer wertvolles Kapital. Leider pflegen diesen Schatz viel zu wenige. Die Grundlage für fruchtbares Golfspiel basiert nicht auf irgendeinem toll aussehenden Schwung, wie Durchschnittsgolfer gern meinen, sondern auf solider Schlagvorbereitung und ständiger Begeisterung für Schläge in kniffligen Situationen. Diesen kleinen Teil des Spiels mit dem notwendigen Können und ohne Zaudern zu meistern will gelernt sein.

Sich Vorspielen nach individuellen Neigungen bereits auf der Driving Range hinzugeben macht Sinn. Dabei konzentrieren wir uns auf technische Fähigkeiten und versuchen, die Schlagvorbereitung zum Nutzen des gesamten Scores einzusetzen. Dafür lohnt es sich, öfter Geld für professionelle Unterstützung auf den Tisch zu legen. Jeder rechtschaffene Handwerker investiert anfänglich Zeit und Mühe in seine Lehre. Und später noch mehr Arbeit in den Meisterbrief. Auch Akademiker machen ihr Examen, um auf Dauer mit ihrer Bildung Vorteile zu erlangen und ein hohes Einkommen zu erzielen. Mit der Qualität der Ausbildung steigen deutlich die Ansprüche. Aber – weder im Golf noch im Geschäft lassen sich damit eine Automatik und das Recht auf Gewinn ableiten.

Jetzt-Formel: Alle Aufmerksamkeit richtet sich nur auf die Vorbereitung

Eines Tages schüttet jede einfach oder mühsam errungene Pre-Shot-Routine Dividende aus. Die Anlage wird schon beim Einstieg in die Golflaufbahn honoriert und ist fürs spätere Vorwärtskommen unerlässlich. Je eher Spieler die mitunter in Jahren entwickelte Vorbereitungsroutine sorgfältig einhalten, desto rigoroser tilgen sie lieb gewonnene Feindbilder oder abschweifende Gedanken. Zwischen Tees und Greens tummeln sich zahllose Spieler, die sich bei Handicap-Stillstand den Kopf zerbrechen. Platzt der Traum vom besseren Handicap oder wird er Realität? Entscheidend sollte nicht der Traum vom schnellen Fortschritt sein, eher die Einsicht, dass kleine Schritte auf lange Sicht Erfolg verzeichnen. Deshalb geht es weniger um heiße Tipps, sondern um die Bereitschaft, jeden Schlag mit Respekt und breitem Wissen zu trainieren. Leider lösen Aufrufe – immer Haltung zur Routine wahren – sowohl bei jungen als auch bei alten Hobbygolfern häufig Kopfschütteln aus. Schier endlos scheint die Liste der Ausreden zu sein, warum sie im Augenblick, beim besten Willen versteht sich, unmöglich mit festen Vorbereitungsschritten anfangen können.

Auch Menschen, die mit beiden Beinen im Beruf oder Haushalt stehen, kriegen es trotzdem irgendwie geregelt, einen Teil ihrer knappen Freizeit konstant fürs (Vor-)Spiel anzulegen. Sie folgen der Verheißung: Regelmäßige Routine spart Schläge.

Holzhacken ist deswegen so beliebt, weil man bei dieser Tätigkeit den Erfolg sofort sieht

Albert Einstein

Stichwort

Vom Ritual zur Routine

Aufwärmen auf den letzten Drücker

Na und? Jeder ist mal knapp dran. Doch ein Kurzritual geht immer noch!

- Rasch noch etwas strecken und recken
- Ein paar Putts spielen, um zu sehen, wie schnell die Grüns „laufen"
- Zwei kurze Schläger locker greifen und beide zusammen gefühlvoll hin- und herschwingen
- Notfalls schon im Vorfeld die ersten drei Löcher als Driving Range abhaken

Warmmachen mit Muße

- Rund eine Stunde bevor's losgeht, beginnt das Ritual
- Böse Gedanken vertreiben, Lieblingslied summen, Muskeln lockern
- Sich auf der Range den törichten Fehler verkneifen, plötzlich am Schwung zu arbeiten. Vor allem Schwungtempo und Rhythmus für den Tag finden
- Mit dem Wedge Distanzen zwischen 30 und 80 Metern pitchen
- Mehrere Schläge mit Eisen 7 und 5, Holz 5 und 3 und dem Driver spielen
- Nach ein paar ordentlichen Sandschlägen dem Bunker den Rücken kehren
- Nach einigen unterschiedlich langen Chips zum Putter wechseln
- Es nach Never-up-never-in-Distanzen sowie längeren Putts gut sein lassen
- Kurze Putts auslassen! Zu leicht
- Gemütlich die letzten fünf Minuten vor Teetime am Start weilen und genügend Bälle mit wasserfestem Marker kennzeichnen

Souverän an der Schlagvorbereitung festhalten

- Schon auf dem Weg zum Ball Vorstellungen für den Schlag entwickeln
- Innehalten: Jeder Schlag verdient die gleiche Aufmerksamkeit
- Balllage gründlich auswerten: Wind und Wetter, Geländeform und Bodenbeschaffenheit für die Schlägerwahl abwägen
- Abschätzen, wo der Ball nach Flug und Ausrolllänge auf den Punkt kommt, und dabei Gefahren im Zielgebiet berücksichtigen
- Nach Vollzug: Jedem Schlag mit Gelassenheit begegnen!

Ohne Maßarbeit geht nichts

Oft geht die Rechnung im Verhältnis zum Handicap nicht angemessen auf, weil Präzision und Schlagweite fehlen. Zeit für eine ehrliche Bestandsaufnahme. Danach zählt nur noch: Wo und wie spare ich Schläge ein?

Warum gibt es bis heute keinen Test, der uns verrät, was wir eigentlich draufhaben? Mit dem wir durch eindeutige Fragen unsere momentane Spielstärke und die mögliche Handicap-Bestmarke herausfinden? Auf welche Fragen käme es an? Etwa: Wie oft trainieren wir in der Woche? Schlagen wir uns vor dem Turnier ein? Wollen wir imponieren und versuchen, weiter zu schlagen als sonst? Halten wir unbeirrt an der Schlagroutine fest? Meiden wir überflüssige Gespräche mit Mitspielern? Melden wir jede Über- oder Unterspielung unserem Sekretariat? Dazu könnte sich gesellen: Haben wir Sex vor dem Spiel? Nehmen wir täglich Tabletten? Brauchen wir vor dem Spiel Aufputschmittel? Wenn ja, welche? Alles, was uns vor, auf und nach der Runde bewegt, trifft, schmeckt, abschreckt und beschäftigt, wäre wichtig.

Vielleicht taugt solch ausschweifender Fragenkatalog aber doch nicht. Wäre Multiple Choise à la Prüfungsbogen ergiebiger? Zum Beispiel: Was trifft auf uns am 1. Tee zu? A: Der Stress vor dem Spiel frisst mich auf. B: Ich kann mit Druck vor dem 1. Schlag umgehen. C: Finde ich

Wer 18 Löcher lang seine Karte vor Augen hat, vergisst leicht die Gegenwart. Golf ist kein Spiel mit dem Rechenschieber

die Mitspieler sympathisch, fällt es mir gleich leichter. D: Mir ist alles egal, Hauptsache die Sonne scheint. – Wir können keine Lösung präsentieren, den „nützlichen Golfer-Test" gibt es einfach nicht.

Vom Grün zum Abschlag denken. Auf Grund der Fahnenposition ergibt sich ein optimaler Winkel für den Annäherungsschlag vom Fairway. Der Punkt bildet den Landeplatz für den idealen Abschlag

Der erste Schlag am ersten Tee gehört aus psychologischen Gründen wohl zu den schwierigsten. Nirgends hängen so viele Zuschauer rum, die Spaß an Schadenfreude haben. Das steigert die Angst vor Blamage. Um aus der Abschlagsaffäre unbescholten herauszukommen, halten wir unsere Routine und den Spielplan felsenfest ein.

Bevor es losgeht, muss alles bis ins Letzte durchdacht sein. Prüfen wir das Ego vor dem Abschlag. Am wirkungsvollsten klappt das mit einem vertrauten Holz 5 und dem Wissen im Hinterkopf, dass wir um die 80 Prozent der Schläge ins Spiel bringen.

Der Praxistest kann auch Beratungsresistente läutern

Teetime. Endlich! Vor dem Abschlag sind wir uns über den nächsten Schritt im Klaren. Die Entscheidung, aus welcher Entfernung der nächste Schlag folgt, steht. Der Driver kommt nicht zum Zug, weil der mögliche 50-Meter-Pitch zu Gunsten des mehr trainierten und öfter eingesetzten 100-Meter-Schlags flachfällt. Wenn jemand gewandt mit dem Wedge umgehen kann, zielt er auf die Fahne, die drei Meter neben dem Pottbunker steckt. Vorsichtige pitchen defensiv fünf, sechs Meter links zur Fahne und hoffen, den Ball mit zwei Putts zum Par zu versenken. Ein offensiv ausgelegter Spieler will keine zwei, drei Putts auf dem Grün ziehen, sein Killerinstinkt konzentriert sich knallhart auf einen Putt. Klingt verwegen, doch je öfter er mit kreativer Vorstellung und unbändiger Willenskraft drangeht, desto häufiger glücken ihm Ein-Putts. In seiner Einstellung spielen auch kurze Rückputts keine große Rolle. Er will sie selbst in Stresssituationen, ohne groß auf Breaks zu achten, Mitte hintere Lochkante rammen. Doch jeder, der mit dieser Putt-Weise nicht vertraut ist, erlebt sein blaues

Wunder. Dreht schnell durch, wenn die Putts auf Grund der aggressiven Spielart auslippen. Gerade Ein-Meter-Putts bergab haben's in sich. Touchieren sie den Locheinsatz, verwandeln sie sich rasant zum Zwei-Meter-Putt bergauf. Daher möglichst unterhalb des Lochs annähern. Ansteigende Putts können einfach aggressiver und weniger nervenaufreibend gelocht werden.

Längere Putts lassen sich erstaunlicherweise leichter einschätzen, wenn man die gesamte Strecke abschreitet. Manche zählen gar die Schritte, schärfen so ihr Distanzgefühl. Nicht selten werden aus den angenommenen zehn Schritten bergauf nach dem Begehen 15. Bergab fällt die optische Täuschung andersrum aus. Zudem steigert das Abschreiten der Putt-Linie bergauf, bergab und das Erkennen der Konturen den Touch beim Break. Einigen hilft es auch, auf halber Putt-Strecke Probeschläge zu absolvieren, um endgültig den vorliegenden Putt vom Gefühl her doppelt so stark auszuführen.

Praktische Werte und wahre Weite sind immer wichtig. Unerwünscht und überflüssig: die ewige Suche nach Gründen für das miserable Spiel

Viele Wege – ein Ziel: Spielstand akzeptieren

Um schlechte Schläge zu verteidigen, wird mitunter Unfassbares herangezogen. Drohen Einbrüche, schlägt die Stunde der Hitzköpfe. Zuerst verfluchen sie den Platz, von der Bodenbeschaffenheit bis zum Platzlayout: zu schwer, zu hinterhältig, unspielbare Ausmaße. Hadern mit den Schattenseiten übertrieben langer Spielbahnen gehört zum Lieblingsspiel. „Wenn ich bei Par-5-Löchern für den zweiten Schlag ein Holz nehmen muss, um eine Birdie-Chance rauszuholen", jammert ein Tour-Professional der alten Garde „ziehe ich schon beim Abschlag gegen junge Wilde den Kürzeren. Kommt gar noch matschiger Boden ins Spiel, dann sieht es für mich nur noch düster aus."

Ein überraschender Wolkenbruch, der den Platz aufweicht und kein Besserlegen erlaubt, lässt selbst sonst besonnene Gemüter geschwind vergessen, ihrem Schwung treu zu bleiben. Ein beständiges Spiel bei diesen widrigen Bodenverhältnissen fällt von Schlag zu Schlag schwe-

Um ins Loch oder ganz nah ran zu spielen, muss man nicht nur die Distanz kennen, sondern auch auf Höhenunterschiede, Böen und Bodenverhältnisse achten

Spyglass Hill, Pebble Beach, Kalifornien

rer. Wie aus heiterem Himmel fangen wir an zu prügeln. Bescheuert! Dabei waten wir bei Dauerregen länger als erwartet über schlammig gewordene Fairways. Die Beteiligten verlieren Geduld und Gelassenheit. Das Golfgesetz „Ball spielen, wie er liegt“, erscheint plötzlich brutal. Denn nicht immer erlaubt die Regel dem Spieler nach sintflutartigen Schauern: „Ball markieren, aufheben, reinigen und innerhalb einer Score-Kartenlänge wieder auf den Boden zurücklegen.“ Also muss jeder den Dreckklumpen auf dem Ball hinnehmen. Das ist bedrückend, denn die Schlammpartikel beeinflussen nicht nur Flug und Aufschlag, sondern fördern auch rasches Bremsen des Balls. Wer es versteht, den Dreck auf seinem Ball ballistisch zu lesen, tut sich leichter. Klebt Erde rechts am Ball, tendiert er nach links. Klebt der Klumpen links, fliegt die Kugel nach rechts. Für Profis ist das Alltagseinerlei. Amateuren fehlt meist der Mut, den Ball, mit Schlammklumpen weit weg vom eigentlichen Ziel starten zu lassen. Gesetzmäßigkeiten verlangen vom Schützen eine große Portion Überwindung, Schwung- und Selbstvertrauen. Dennoch haftet unterm Strich selbst gelungenen „Drecksschlägen“ ein Restrisiko an.

Allein das Streben, das Beste für sich rauszuholen, reicht nie aus. Nur wer weiß, wie weit er mit jedem einzelnen Schläger auch unter erschwerten Bedingungen schlägt, bleibt obenauf

Es ist Unsinn, an einem sportlich anspruchsvollen Par-4-Loch den Ball mit Gewalt in zwei Holzschlägen aufs Grün dreschen zu wollen. Ein Blick des Durchschnittsgolfers auf die Score-Karte sollte ihn auf Sicherheit spielen lassen: 350 Meter vom Abschlag bis zum Grün. In der Handicap-Vorgabe liegt das Loch an 16. Stelle. Erst spielt der Handicap-27er im Kopf zweimal 140 Meter mit Eisen 5. Nach der Zwischenstation bleiben noch 70 Meter, ideal fürs Pitchingwedge. Nun geht er es gelassen an. Umgeht so das Risiko, in eine verhängnisvolle Situation zu geraten. Vor dem Grün denkt er weiter positiv: was spricht dagegen, nah genug an den Stock zu schlagen und eine reelle Chance für einen Putt zum Par zu haben, in meiner Zählweise gar ein Netto-Birdie zu vollbringen.

Die Sache selbst in die Hand zu nehmen, verlangt Willen und Vorstellungskraft

Rechner gefragt. Die große Unbekannte bei der Bewältigung des Scores nach Handicap lautet: Wie viel Schlagweite bewerkstellige ich tatsächlich? Traumweiten aus strahlenden Tagen unter idealen Bedingungen anzusetzen, hilft dabei wenig. Vieles ändert sich täglich. Golfer, die etwas auf ihr Spiel halten, wissen aber genau, wie weit ihr Ball bei Wind und Wetter, unterschiedlicher Geländeform und Bodenqualität in Carry – wie Golfer zur reinen Luftstrecke sagen – fliegt und auf gemähtem Gras rollt.

„Meiner Meinung nach ist die Driving Range kaum ein Maßstab für die Einschätzung der Spielstärke", sagt der Profi zum befreundeten Spieler. Einschalige Übungsbälle fliegen rund zehn Prozent kürzer als hochwertige Multy-Layer oder zwei- und dreischalige Bälle. Überwiegend Anfänger wünschen sich in erster Linie mehr Weite vom Ball, was auf Kosten des Rückwärtsdralls hinausläuft. Spitzenspieler nehmen den Verlust von etwas Länge in Kauf, um mehr Spin, also Bremswirkung, auf dem Grün und Schnitt für Schlaggenauigkeit zu erzielen. „Zu all dem schwingst du anders, wenn es auf dem Platz um etwas geht." Deshalb mit dem Ball deiner Wahl Distanzmessungen unter Spielbedingungen durchführen. Nur so erfährst du für dein Coursemanagement Verwertbares. Durchschnittliche Schlagweiten ermitteln wir mit mindestens zehn gut getroffenen Spielbällen. Als Bemessungsgrundlage dienen der Messstein am Abschlag und die Entfernungsmarkierungen auf einer ebenen Spielbahn des Platzes. Gerade Einsteiger verstehen dabei kaum noch die Golfwelt, wenn sie feststellen, sie schlagen ab einer gewissen Schlägernummer (zum Beispiel Eisen 5) fast mit allen weiteren Schlägern (zum Beispiel Eisen 4 und 3) gleich weit. Sie, aber auch mittelprächtige Golfer gehen gern der Geschichte auf den Leim, dass innerhalb ihres Schlägersatzes von einer Eisennummer zur nächsten etwa zehn Meter Distanz liegen. Prüfen wir die Entfernungen zwischen unseren einzelnen Schlägern, kommen wir schnell zum Schluss: Weniger Eisen, mehr (Spezial-)Hölzer gehören ins Bag. Mit denen, siehe da, fliegen die Bälle nicht nur öfter gerade, nein, sie erreichen auch längere Flugweiten.

Mut zur Lücke? Glanzstücke für hohe Bogenschläge müssen her

Sportlich ausgerichtete Spieler stoßen beim Ausloten ihrer Schlagweiten schnell auf große Lücken im wichtigen Wedge-Bereich. Zwischen Pitchingwedge mit 48 Grad und Sandwedge mit 56 Grad Loft besteht beachtliche Diskrepanz. „Innerhalb der kurzen Eisen sollte der Loft-Abstand nie mehr als vier Grad betragen", rät der Pro. Ein Lückenfüller, Gap- oder Middlewedge genannt, mit 52 Grad Loft muss her. Ob noch ein Lobwedge mit 60 Grad Schlägerkopfneigung hilft, Schläge einzusparen, kann keiner auf Anhieb sagen. Fest steht, dass so ein Wedge über die Maßen filigrane Schlagfertigkeit fordert. Es gibt Spieler, die schwören überschwänglich auf seine Eigenschaften im Bunker. Im Vergleich zum Sandwedge erlaubt es der Schlägerkopf des Lobwedge, mit fast doppelt so viel Abstand rechts vom Ball in den Sand einzutauchen. Für Linkshänder gilt das Ganze seitenverkehrt. „Doch zu Gunsten eines Lobwedge muss ein Holz dran glauben", wendet der Pro ein. „Bekanntermaßen können wir ja nicht unbegrenzt Schläger über den Platz schleppen!" Auch wenn einigen das Spielen im Sand Schweiß auf die Stirn treibt, letztendlich fallen Bunkerschläge in der Endabrechnung verschwindend gering auf.

Golf besteht zu rund 40 Prozent aus Putten, 20 Prozent aus Wedge-Schlägen und 20 Prozent aus Holz- oder langen Eisenschlägen vom Tee oder Fairway. Etwa 80 Prozent des Spiels basieren auf drei mitgeführten Schlägern

Driver, Wedge und Putter sind die am meisten benutzten Schläger

Was im Fußball der Spielmacher, sind im Golf die Hauptschläger: Driver, Wedge und Putter. Erhalten sie bereits beim Üben die gebührend intensive Zuwendung? „Nein, ich bin ein Perfektionist, der mit allen hart arbeitet", sagt ein in seiner Grundeinstellung pessimistischer Golffreund. „Ich befürchte, dass ich sonst den anderen Schlägern nicht gerecht werde und versage." In der Tat verbreitet er den Eindruck eines Dauerdeprimierten. Doch dann verpasst er dem Schwarzsehen eine Auszeit und wird zum forschen Plauderer: „Den größten Aufschwung erreichte ich in letzter Zeit mit neuen Schlägern." Die frisch auf den Markt geworfenen Markenprodukte sind für ihn Garant für besseres Spiel. „So beständig lag mein Ball noch nie auf der Spielbahn." Er fühlt sich in einer bequemen Position. „Mit den Dingern konnte ich meinen Slice ausmerzen, sicher aus dem Rough kommen, mehr Präzision erzielen!" Wenn vom Einsatz der neuen Iron-Woods die Rede ist, strahlt der eigentliche Griesgram: „Sie eröffnen mir eine Vielzahl von Chancen, meinen Score zu verbessern."

Wir bleiben sachlich: Wegen massiver Werbung verkaufen sich viele Dinger blendend. Doch kommen die glänzenden Teile jedem in seinen spielerischen Neigungen entgegen? Treiben die Hybird-Schläger wirklich die Trefferquote hoch? Ohne weiteres kann man Eisenhölzern nachsagen, dass sie bei richtiger Anwendung angenehme Seiten haben. Wer zu steilem Schwung tendiert, liegt nicht verkehrt, scharfkantige, unbarmherzige Eisenblätter 3, 4, 5 und evtl. 6 aus dem Bag auszumustern und gefühlsmäßig leichter schwingende Iron-Woods an ihrer Stelle einzusetzen. Ob freilich die Hybirds mit ihrer kompakten Kopfform, die ans frühere Ginty oder Utility Wood erinnern, den Ball weniger fett oder dünn zu treffen, nahe kommen, steht in den Sternen. Sicher scheint bloß: Zwittermodelle mit Varianten von 14 bis 35 Grad Loft bieten optisch mehr Schlagflächenneigung als wirklich vorhanden. „Sie schwingen sich wie geschmiert. Erleichtert wird das Ganze zusätzlich durch den kürzeren Schaft." Überdies preist der Anwender seinen Einsatz ums Grün. Vergleicht ihn mit einem rescue oder holzähnlichen Konstruktionen sowie mit Chippern, die auch „kontrolliert lang ausrollende Chips auf dem Grün zulassen".

Wechselstimmungen erlegen? Ein Schlägerkauf ist schnell vollzogen. Doch Umgang mit neuen Teilen verlangt Zeit, oft viel wertvolle Übungszeit. Darüber hinaus gibt es keine Garantie, am Schluss nervenschonender gespielt, zwei bis drei Schläge eingespart zu haben. Was bewegte eigentlich den als knauserig verschrienen Golffreund zum Kauf? „Die Konkurrenz schläft nie", sagt er. „Meine Freunde wissen nicht, dass ich mit den neuen Schlägern auch gelernt habe, meinen Schwung zu verstehen, und mir mein Pro einbläute: stronger is straighter. Sie raufen sich die Haare. Und sehen nicht ein, dass Schläger im Schwung Eigenleben entwickeln." Für ihn sind sie längst enge Verbündete im harten Wettstreit geworden, „die ich kenne und auf die ich mich unter Druck verlassen kann".

Das einzig Beständige im Golf ist der Wandel

Ein paar Sachen jedenfalls hat der Spieler begriffen. Den Ball immer perfekt raushauen und präzise platzieren, das funktioniert nicht. Sein Pro malt mit den Händen den Verlauf einer Zickzackkurve in die Luft: „Höhen und Tiefen", sagt er „sind nach Adam Riese normal, alles andere wäre beängstigend." Man darf sich nicht am Tour-Profi orientieren, der schon Superlängen erzielte. Wenn der nur durchschnittlich trifft, hält er das gleich für einen Tiefschlag, obwohl seine stattliche Mindestweite bei anderen einen Höhenkoller verursachen würde. Denn gemessen an deren normaler Schlagweite ist seine Mindestweite immer noch verdammt viel.

Das wurmt den Amateur: Warum kann ich nicht weiter schlagen? „Zunächst mal die Fakten", so beginnt eine typische Antwort des Profis auf das Wehklagen. „Einen großköpfigen Driver mit längerem, flexiblerem Schaft und vor allem weniger Loft zu wählen, drängt sich auf. Und das Schlägerblatt von 11 Grad auf 7,5 Grad runterdrehen. Geschlossenen Stand zum Draw einnehmen, auf „starken Griff" wechseln und einen Extra Long Distance Ball aufs ganz lange Tee legen." Allerdings zwingt ein längerer Schaft, weiter weg vom Ball zu stehen und flacher zu schwingen. Zusätzlich erschwert ein niedriger Loft die Notwendigkeit, den Ball square im Sweetspot zu treffen. Passieren kleinste Abweichungen, entstehen Sidespin und ungeheuer oft bei Amateuren ein Slice mit schlimmen Folgen. Koryphäen, die im Schwung weit ausholen und so über enorme Drives verfügen, setzen lange Tees ein. Die Mehrheit von ihnen lehnt „Steinbälle", die nur auf Weite ausgerichtet sind, wegen ihres fehlenden Feingefühls im kurzen Spiel ab.

Sicher driven bringt Zählbares! Der Pro empfiehlt: Schlägergriff weiter unten fassen. Zum einen stehst du näher am Ball, hast somit mehr Kontrolle und weniger Streuung – ein Test vom Fairway zeigt das eindrucksvoll. Zum anderen fällt es leichter, die Handgelenke im Schwung fließender abzuwinkeln, wenn man etwas tiefer greift. So mancher kitzelt auf die Art noch nie erreichte Schlägerkopfgeschwindigkeiten heraus. Zuweilen holt man schon mit dünneren Griffen etwas mehr Länge raus. Dicke Griffe liegen zwar bequem in der Hand, doch sie erschweren das Drehen der Arme und das natürliche Abwinkeln während des Schwingens.

Hochrechnen nach jedem Loch schadet dem Spiel mehr, als es nützt

Der erste gelungene Schlag sagt noch lange nichts über den Score aus. „Ich bin vorsichtig mit Prognosen", sagt der kluge Pro, „im Golf können falsche Schlägerwahl und gestörter Schwungrhythmus Selbstvertrauen töten." Erfahrene Spieler kriegen nach einem Rückschlag kaum noch das große Zähneklappern. Sie ziehen in guter Verfassung los und ihr Ding durch. Wissen, ihre Schwungebene taugt was. Bloß irgendwann endet jede Serie erfolgreicher Spielbahnen. „Hauptsache, die Einstellung bleibt stabil", sagt der Profi. Nur unumstrittene Schläge kommen zum Einsatz. Jeder Schritt ordnet sich diszipliniert der Strategie unter, die nach Variantenreichtum des Platzes ausgelegt wurde. „Vor der Runde treffe ich die Schlägerwahl und notiere sie auf der Score-Karte oder dem Stroke Saver. Auch nach Rückschlägen halte ich am Fahrplan fest. Je mehr ich mir den Platz nach meinen Schlagweiten einteile, desto mehr wächst mein Spielvermögen."

Eine Zwischenbilanz, bevorzugt nach neun Loch, ist übrigens selten realistisch. Steht der Aufwand im Verhältnis zum Erfolg? Das ist eine wichtige Überlegung. Wie ein Schachspieler unterwirft ein vernunftbegabter Spieler sein Golfspiel Zug um Zug der Effektivitätstheorie. Und die geht ganz einfach: Je weniger Putts ich brauche, desto weniger Superdrives muss ich erzielen, um weit zu kommen.

Zahlen lügen nicht

Auf der Tour wird alles notiert. Da sammeln sie schon lange. Die Statistik führt uns knallhart jeden Schlag vor Augen. Auswertungen in Rankings und Prozentanteilen gibt es zuhauf. Zum Beispiel, wie oft der Ball vom Tee aufs Fairways traf. An welcher Stelle der Tour-Profi mit seinem Durchschnitts-Putt und -Drive im Vergleich zu allen Kollegen liegt. Das gilt auch für Grüns regulär getroffen oder Pars aus dem Sand gerettet und, und, und. Ein paar Mausklicks im Internet und Interessierte kriegen Schlag auf Schlag Birdie, Eagle und jeden Einbruch auf den Bildschirm.

Berauschende Golfer vertrauen selten nur ihrem Gefühl, sie halten selbst ihre Ergebnisse unbestechlich fest. So verlieren sie nie den Boden unter den Füßen. Auch für Einsteiger und Gelegenheitsspieler lohnt sich der Demutsbeweis, den Stand der Spielstärke über die Saison aufzuschreiben. Die Score-Analyse, eine Art persönliches Gutachten über derzeitige Stärken und Schwachstellen, hilft, den Hebel zur technischen und mentalen Verbesserung anzusetzen.

Hochrechnen und Resultatsdenken, besonders nach kleinen Missgeschicken, werfen schnell aus der Bahn. Wer das ausblendet, spürt bei auftretenden Schwierigkeiten weniger den allzu forschen Drang, gleich alles wieder zu richten. Wir wollen lediglich nach jedem Abschlag den Ball mit möglichst wenigen Schlägen einlochen: Darum geht's. Nicht um mehr und nicht um weniger.

Was man verachtet, das unterschätzt man

Robert Walser

Stichwort

Ohne Maßarbeit geht nichts

Immer auf Distanz gehen

Ausschläge im Spiel klein halten oder sein Handicap knacken, setzt vom Tee bis zur Pin-Position präzise Längenkontrolle voraus. Natürlich führen Schmutz am Ball, Schlamm unter den Füßen und Regen aus Kübeln zu kürzeren Schlägen. Auch Wind wirkt sich nicht unerheblich auf die Flugbahn und das Ausrollen des Balls aus.

Nie übers bekannte Maß hinausgehen

- Mehrere Versuchsreihen mit jedem Schläger auf dem Platz helfen persönliche Schlägerdurchschnittslängen zu erfassen
- Bei Kälte und Regen zu bewältigende Strecken mit „mehr Schläger“ ausfüllen
- Sich vorwiegend bei Gegenwind sagen: „When it's breezy, swing eeeasy!
- Bei Rückenwind auf scheinbar kürzere Distanz einstellen
- Prinzipiell nie nach Aufteilung des Lochs waghalsig im Weitenwahn zu Werke zu gehen!

Score-Analyse spart Schläge

- Festhalten: Wie viele Fairways, Grüns getroffen? Wie viele Putts waren es?
- Um zweifelhafte Schwächen in der Bewertung auszuschließen empfiehlt es sich, wenigstens drei Analysen vorzunehmen, um danach, mit oder ohne Golflehrer, den individuellen Trainingsplaner zu erstellen
- Auch wenn es anstrengend wird, Konsequenzen ziehen

Statistik fürs Spielvermögen anlegen

- Im Score liegt die Summe der Entscheidungen: Jedes private und offizielle Rundenergebnis in einer Jahresübersicht festhalten
- Über die Saison gesehen präsentiert der Score-Überblick, wo genau das Handicap zwischen Wunsch und Wirklichkeit liegt
- Verläuft die Leistungskurve übers Jahr gesehen weit weg vom Wunsch-Handicap: in Demut korrigieren

Drive nach unten: Der Wagemutige ***kann*** *verlieren, der Zaghafte* ***wird*** *verlieren!*

Eichenheim, Kitzbühel, Österreich

Wie viel Risiko tut gut?

Spielintelligenz ist das Geschick, seine Fähigkeiten gut auf den Platz zu bringen. Es braucht Mut, spielstark aufzutreten und sein Spiel zu machen. Höheres Risiko, mehr Chancen! Mini Risiko, mini Resultate! Treibsätze für den Kampf auf dem Kurs? Über möglichen Nutzen und mögliche Nachteile denken Taugewas, Tausendsassas und Talente jetzt nach

Was ist Golf? Ein Glücksspiel unter freiem Himmel? Im Fernsehen sieht es immer so leicht aus. Der spätere Sieger schnappt sich den Ball, teet auf, schlägt weit und genau aufs schachbrettartige Fairwaymuster. Alle sind hingerissen. Er ist ein ganzer Kerl. Unwiderstehlich haut er den Ball auf dem letzten Grün an die Fahne und locht zum Birdie. „Golf zum Hinschauen – der Mann bereichert das Spiel", schwärmt der Co-Kommentator.

Erfahrungen, Traditionen und alte Werte sind die Quellen, aus denen der Sieger schöpft, um Neues zu erfahren. Ebenso sind Konfrontationen Ansporn, sein Leben mit neuen Elementen zu bereichern. Unser siegreicher Mann greift mit Selbstbewusstsein nach den Schlägern. Gründlich eingespielt strahlt er Zuversicht aus. Stürmt mit großen Schritten die Spielbahn entlang, keinen Blick fürs Publikum und schon gar keinen für den Gegner. Trotz alledem hält er sich keine Sekunde für unschlagbar. Er ist für seine ruhige Art in unfairen Lagen bekannt. Wie viele Schwankungen sein Schwung in der Turnierwoche erlebt, sein Ball ein Spiegelei im Sand formt, ins hüfthohe Schilf oder gar in den Bach rauscht, weiß keiner. Brenzlige Situationen verschaffen ihm Selbstvertrauen. Während sich nach einem verhauenen Ball bei den meisten ein Wellental von ungewöhnlichen Ausmaßen auftut, verliert er nie die Nerven. Muss mit dem nächsten Schlag ein Big Point her, bringt er sich hundertprozentig ein. Nach einem Schlag ins Wasser wird der Ball auf fragile Weise an den Stock manövriert und das Par gerettet. Das unterstreicht seine Extraklasse.

Wer zu ehrgeizig loslegt, senkt die Motivation. Fällt er zurück, bleibt er meist (länger) liegen

Eigentlich traut er sich spektakuläre Schläge gar nicht zu und nach fulminantem Wettkampf fragt er sich erschöpft und beinahe fassungslos: „War ich wirklich so gut?" Doch grundsätzlich gilt, Siegreiche sind überzeugt von ihrem Können. Eine Eigenschaft, die sie an ihre Grenzen führt und vom Gros des Teilnehmerfelds unterscheidet. Unentschlossene zählen häufig zum Kreis der Unterlegenen. Sie fragen sich: Weshalb zieht so einer alle in seinen Bann? Was hat der Champion, was wir nicht haben? Charisma, Präsenz und Qualität! Die Mischung macht's: das Managen der eigenen Stimmungen und das ständige Abfedern der Aufregungen.

Wer im Golfsport was reißen will, dem genügt es nicht, einfach nur den Ball im Spiel zu halten. „Du musst nicht selten zusätzlich kreieren und riskieren", sagt der Meisterspieler

„Von wegen Golf ist geradezu läppisch!" Der Wochenendgolfer traut sich oft nicht. Wankt zwischen kleinkariert und größenwahnsinnig. Wenn er überhaupt nichts mehr trifft, kommt der Impuls automatisch: nur noch alles auf sicher spielen und abwarten. Am Abschlag nimmt der Verunsicherte keinen Driver mehr in die Hand, weil rechts und links von der Spielbahn turmhohe Bäume drohen.

Die Mehrzahl der Handicapper neigt dazu, ihr Spiel bloß noch am Score zu messen. Gut geratene Aktionen drängen sie in den Hintergrund. Kommt nicht wenigsten eine Par-Serie zu Stande, trübt das die Stimmung. So liegen sie ständig im Clinch mit Selbstvorwürfen und Selbstbewusstsein.

Bloß keine gähnende Langeweile und Leere aufkommen lassen. Vor jedem Putt den Wind der Begeisterung entfachen
Solitude, Stuttgart

Wenn ein Schlag nicht mehr nur ein Schlag sein darf, sondern auf persönliche Tiefenwirkung zielt, geht schnell ein Teil der Leichtigkeit dahin. Oft müssen unglückliche Schläge in verzwickt schlechter Lage gleich als Erklärungsmodell für die ungerechte Welt herhalten. An Tagen, an denen vieles schlechter ausfällt als sonst, reagieren auch schon mal gestandene Spieler frustriert.

Da trifft auch ein Siegreicher vom Start an den Ball nie besonders satt. Doch er versteht es, seinen Schwung zu analysieren und für den Rest der Runde so zu korrigieren, dass der Ball mal etwas dünn, mal leicht fett oder stark kurvenreich irgendwie spielbar bleibt. Wenn er mit seinen Schlägen streut, liegt er nicht in den Wicken, sondern am Spielbahnrand. Bei Amateuren ist es wünschenswert, dass sich die Abweichung aufs Semi-Rough beschränkt. Die grundsätzliche Strategie des Spielstarken beruht auf der Tatsache, möglichst vor jedem Schlag Gefahren aus dem Spiel zu nehmen. „Etliche Male bin ich auf die Weise noch mit einem blauen Auge davongekommen.“ Dennoch gibt der Bekannte mit auf den Weg: „Lerne, nach Fehlern weiterzuspielen, als wäre nichts geschehen. Fang bloß nicht an, zwischen den Spielbahnen an deinem Schwung zu arbeiten. Das ist eine andere Baustelle!“

Noch vor einem Jahr klang alles aus dem Mund eines Freundes furchtbar schmerzlich. „Ich dachte, ich spinne, so bescheuert wie ich strategisch auftrat, brauchte ich mich nicht zu wundern, was am Ende rauskam. Ich war mit Golf fertig.“ Seinen verblüffenden Wandel vom Nerverl zum Überflieger erklärt er: „Es ging in kleinen Schritten. Es gab keine Materialschlacht, keine Schwungumstellung.“ Bloß Reserven hat er sich geschaffen, um resistenter gegen Stress zu werden. Dreimal die Woche packte er sechzig Minuten lang haarsträubende Aussetzer im Spiel beim Schopf. „Hoppla, plötzlich merkte ich, jetzt entwickelt sich was!“ Zudem war dem Pro des Freundes in einer Proberunde aufgefallen, dass er schlechte Schläge kaum akzeptieren konnte. Es war sein fataler Irrglaube, eine gute Partie bestehe nur aus perfekten Schlägen. „Ruck, zuck hat ihn ein grässlicher Schlag gefühlsmäßig so hart getroffen, dass aus dem bloßen Spiel bitterer Ernst wurde.“

Nicht die großen Schritte verändern die Welt, sondern die kleinen

Ein gebranntes Kind scheut das Feuer. Es bringt viel, vergangenen Spielen nachzugehen, über die man sich noch aufregt. Situationen durchsprechen, auch wenn Gefühle hochsteigen. Das gehört dazu. „Sobald eine Vertrauensperson den Hintergrund versteht, kann sie helfen, das Vergangene besser zu verdauen und die Wurzeln des Verhaltens zu erkunden. Natürlich wird dadurch nichts gleich beseitigt, aber das Verständnis für gewisse Verhaltensweisen sensibilisiert.

„Show me a good loser and I'll show you a loser“, sagen Amerikaner über nette Spieler, die im Turnier wieder mal knapp unterlagen und gute Miene zum bösen Spiel machen. Meist trifft es Spieler, die auf der Driving Range viel Zeit für Schwungtechnik und Annäherungen einsetzen. Eiskalt und zielsicher schlagen sie der Reihe nach perfekte Bälle. Doch Übereifrige offenbaren schon beim ersten Schlag auf dem Platz einmal mehr überraschend menschliche Seiten. Schnell bekommen sie weiche Knie und ein mulmiges Gefühl in der Magengegend.

Bruder Leichtsinn will die Situation mit Magenbitter in der Tasche bereinigen. Unter Alkoholeinfluss, findet der angeschlagene Golfer, fliegen Drives überirdisch bis zum Horizont und das Loch putzt sich auf Eimergröße raus. Dass Alk Ursache für Abstürze und Fehler gewesen ist, wollen Mitspieler im Anblick des traurigen Gesichtsausdrucks keineswegs diskutieren. Ebenso vergessen sie sein trauriges Zitterspiel rund ums Grün. Es kostete den Bekannten auf den letzten Metern zahlreiche Schläge und die sicher geglaubte Handicap-Unterspielung. Der maßlos Enttäuschte: „Dabei hatte ich bloß versucht, mit ein paar Schlucken meine Aufregung zu entschärfen.“

Konstruktive Konfrontation mit Fehlern ist der beste Weg, um zu lernen

„Ooops, ist der lang geworden, seit er trocken ist.“ Mehr Geschick, weniger Körper. Was macht durchschlagenden Erfolg aus? Kein Alkohol?! Wann fühlt man sich zum Bäume ausreißen? Besonders schüchterne Naturen, die sich wenig zutrauen, kriegen nach gelungenem, schier unfassbarem Schlag einen unverhohlen stolzen Blick. Wie bringen wir uns in den emotionalen Zustand, dass wir über glühende Kohlen schreiten können? Wir denken intensiv an kühles Moos und recken den Kopf nach oben. Anschauliches beflügelt. Sich selbst anfeuern und Learning by doing fördern Fortschritte.

Ja, die Profis haben es gut. Bei ihnen passieren kaum Schlagverluste wegen Schlamperei. Selten fluchen Spieler und Caddies auf der Tour nach gewaltigem Drive auf die Fairway-Mitte, dass der Ball in einem Divot landete. Pingelig halten sich alle an die Etikette. Hinterlassen Nachfolgern kaum Spuren. Selbstverständlich legen Spieler oder Caddies den herausgeschlagenen Rasenfetzen sofort in die Mulde zurück und treten ihn fest. Bedauerlicherweise läuft das im Alltag der Amateure kaum so vorbildlich. Auf frequentierten Golfanlagen mehren sich in der Drive-Landezone hässliche Kraterlandschaften. Wir bauen dem vor, frischen im Eilverfahren die technischen Kenntnisse im Umgang mit Grasnarben auf. Gewicht etwas nach links verlagern. Ball mehr vom rechten Fuß spielen. Linkshänder andersrum. Liegt der Ball am vorderen Teil des Divots, erlaubt er einen Fade mit hohem Ballflug. Halb verdeckt befreien wir den Ball mit einem Punch aus der Platzwunde. Bei dem Schlag greifen wir kürzer. Neigen die Hände mehr nach vorn und schwingen steiler als üblich durch den Ball. Wir wählen einen Schläger mehr als gewöhnlich für die Distanz, führen

Puste ausgegangen? Freudige Erinnerungen abrufen wirkt oft erlösend und hilft, Selbstzweifel zu überwinden

Seefeld-Wildmoos, Seefeld, Österreich

den Schlägerkopf, solange es geht, auf der Ziellinie. Bei dem Spezialschlag ist der Schwung kürzer als sonst. Das linke Handgelenk bleibt so fest wie nur irgendwie möglich. Der Ball startet flacher und fliegt nicht ganz so lang und rollt und rollt – unvorhersehbar lange.

Kann passieren, was soll's. Wir wissen, dass wir es auf nachlassende Kraft und Konzentration zurückführen müssen. Schon ein Sekundenbruchteil von Unaufmerksamkeit hat unerhörte Folgen. Das bekam jeder schon zu spüren. Ein zu wütend, damit zu heftig oder zu ängstlich, damit zu vorsichtig geschlagener Ball, und wir haben die Kontrolle verloren. Im gemeinen Slice-Bogen schlägt der Ball in erniedrigender Weise an die Bäume rechts oder verschwindet hinterhältig im Gestrüpp oder vergräbt sich im feinkörnigen Sand? In unserem Fall umschlingen Grashalme den Ball. Die geraten beim Schlag zwischen ihn und das Schlägerblatt. Höchste Flyer-Gefahr. Das heißt, die Schlagweite, wie grad eben, ist kaum einzuschätzen. Der Ball liegt versteckt im kniehohen Gras. Hier ist es schwierig, ihn überhaupt in die Höhe zu bekommen oder ihn gar weit rausschlagen zu können.

Zeit, Alarm zu schlagen? Nein. Zusehen, dass der Ball auf sicherem Weg auf die Spielbahn zurückkehrt. Entweder mit dem Sandwedge raushacken oder falls das zu riskant erscheint: den Ball für unspielbar erklären und einen Strafschlag einstecken. Ein verhacktes Loch zu verdauen, kann eine ziemlich gemeine Angelegenheit sein.

Schlecht spielen, gut scoren. Wer die Gabe hat, Fehler zu kompensieren, gewinnt öfter, als er glaubt

Wer lange genug Bälle geschlagen hat, kann auf der Runde besser attackieren

„Was nützt es mir, den Ball oft gut zu treffen, wenn ich dennoch mit zwei, drei oder mehr Schlägen pro Runde danebenliege?" Jeder kennt sehr wohl das Gefühl, gut gespielt, aber schlecht gescort zu haben. Junge Spieler mit einstelligem Handicap lernen ihre Lektionen erstaunlich schnell. Beim reizvollen Par 5 wagen sie sich nach perfekt getroffenem Drive an ein weiteres Holz und greifen beherzt das Grün an. Die Frage: „Willst du nicht lieber ein Eisen nehmen und ablegen?", beantworten sie mit einem angriffslustigen Grinsen. Unsicherheit schlägt sich in Fehlern nieder! Vorlegen auf eine gewohnte Entfernung kostet ihn Überwindung. Der junge Forsche blinzelt leicht entrückt hinter seinen Brillengläsern, wirkt originell, hat offensichtlich alles im Blick, was für den nächsten Schlag nützlich sein könnte.

Doch nie darf der Respekt vor der Leistung des Gegners zu hoch werden. Wer dem zu viel Achtung zollt, zu nett mit ihm umgeht, verliert leicht den Killerinstinkt. So schmolz schon mancher Vorsprung dahin und wir gingen am Ende leer aus. Vor allem Jugendfrische halten nichts von Glückstreffern, sehen alles als ihren Verdienst an. Sie haben Spaß am Gewinnen. Von wegen der Gegner war besser. Mit der Grundhaltung entsteht keine Selbstsicherheit, weil jeder, der Fehler bei sich sucht, das Risiko zu scheuen beginnt. Das erklärt oft, warum die nächsten Runden grottenschlecht verlaufen.

Spieler mit Hang zum Taktieren trifft das besonders oft. Alles, was außergewöhnlich erscheint, lassen sie lieber. Spieler, die in ihrem Leben genug Golfbälle geschlagen haben, entwickeln bald ein Gefühl dafür, ob sie auf Nummer sicher gehen sollen oder ruhig volles Risiko fahren. Wer mit guten Golfgenen ausgestattet ist, attackiert öfter, statt den Ball vorzulegen und dann mit einem Pitch oder Chip die Fahnenstange anzupeilen.

Die lange Geschichte des Turniergolfs bietet genügend Beispiele waghalsiger Angriffe, die voll danebengingen und Führenden sicher geglaubte Siege auf den letzten Metern aus der Hand rissen. Viele Geschlagene werden ihre falschen Entscheidungen nie vergessen und mit Sicherheit ihre Lehren daraus ziehen, um nicht mehr so leicht Beute ihrer Unbeherrschtheit, Konzentrationsschwäche oder leichtfertig vergebenen Chancen zu werden.

Wer kämpft, kann verlieren,
wer nicht kämpft, hat schon verloren

Bertolt Brecht

Stichwort

Wie viel Risiko tut gut?

Sich seinem Spiel ergeben

„Es ist wie beim Kartenspielen", sagt ein alter Kämpfer. „Du musst aus deinem Blatt das Beste machen!" Ein „jetzt erst recht" reicht oft nicht, weil deine Möglichkeiten begrenzt sind. Oft sitzt auch der Schock so tief, dass all die Trainingseinheiten und Proberunden nichts gebracht haben.

Draufgänger, Durchhalter und Demütige drehen voll auf und lernen

- Zu sich auf Abstand gehen und Experte in eigener Sache werden
- Also: Situationen, Stimmungen und Spielverderber möglichst ausschalten
- Seine Spielweise aufspüren: zurückhaltender auftreten oder aggressiver agieren?
- Ansprüche erhöhen oder Erwartungen zurückschrauben?
- Perfektionistisches Gehabe ablegen, sich weniger überfordern, mehr Atempausen einlegen und übertriebenes Getue, wie zu viele Probeschläge praktizieren, aufgeben
- Vorausgegangene Erlebnisse schneller abhaken
- Sich auf Konfrontation mit Unerwartetem freuen
- Zermürbende Gedanken verbannen, sich keine gefährlichen Hindernisse in düsteren Farben schildern
- Sich zu schwierigen Löchern ein „spannendes Verhältnis" konstruieren und ihnen mit Know-how statt Haudrauf begegnen
- Getrost den Driver öfter in der Golftasche lassen, an seiner Stelle Holz 3, manchmal gar ein Eisen einsetzen, mit denen die Bälle nicht nur häufiger gerade fliegen, sondern auch beachtliche Flugweiten erreichen
- Nach verhauenem Schlag zermürbende Gedanken verbannen, und wenn es hilft: „Total-egal-Einstellung", „alles halb so schlimm" oder „macht nichts, weiter geht's", annehmen

Fremdgehen lohnt sich

Nichts auf der Welt ersetzt die Erfahrung, die wir auf fremden Plätzen machen. Natürlich regen sich erst mal Widerstände, tauchen Versagensängste auf. Das Vertrauen in die eigenen Fähigkeiten wird beim Gastspiel auf eine harte Probe gestellt. Doch zu guter Letzt geht vieles einfacher, als es zunächst erscheint

Hasenfüße aufgepasst: Auswärtsspiele sind der Schlüssel für so manchen Leistungsschub. Wer in Zukunft beim Kopf-an-Kopf-Rennen mithalten will, muss sich ändern, umdenken – und zwar ganz schnell. Nichts ist gefährlicher, als wenn die Angst vor dem Ungewissen neue Unternehmungen bremst. Ist die emotionale Blockade nach den ersten Schritten überwunden, wirkt es befreiend, Anschluss gewonnen zu haben. Es ist einmalig, am eigenen Leib zu erfahren, wie es sich anfühlt, eigentlich Undenkbares zu riskieren und zu erreichen. An seine Grenzen zu gehen, bringt Zuversicht für die Zukunft.

„Je länger etwas in Erinnerung bleibt, desto heftiger war die Affäre“, sagt ein umtriebiger Sportsfreund. Er schwärmt vom Fremdgehen: „Das gibt einen gewaltigen Schub fürs Selbstbewusstsein und dadurch

Reisen verbessert das Spiel und erweitert den Horizont. Und es kann amüsant sein, mit Clubmitgliedern aus einem anderen Kontinent zu spielen

Reflection Bay, „The Ritz-Carlton", Las Vegas, Nevada

natürlich Selbstsicherheit." Wen es beim Golf gepackt hat, der ist bekanntlich nicht mehr Herr seiner Zeit. Stück für Stück vereinnahmt uns das Spiel. Freie Nachmittage, Wochenenden, auch (Geschäfts-) Reisen enden auf dem Golfrasen. Bevorzugt zieht es Betroffene dorthin, wo das Klima den Schwung unterstützt, die Bahnen breit angelegt vor einem liegen und auf dem Grün der Graswuchs die Putts mitfühlend ins Loch leitet. Letzteres ist wohl eher Wunschdenken!

Raus aus der Komfort- und Sicherheitszone: experimentieren, andere Verhaltensweisen erproben

Fremde Plätze legen Schwächen gnadenloser offen als die vertraute Heimatanlage. Handicap-Spieler praktizieren auswärts Schläge in verzwickten Lagen, die sie im Grunde noch nicht intus haben. Hit-and-hope-Hacker spielen ignorant und ohne lange zu überlegen drauflos. Landen sie überraschend Treffer, sagen Beobachter: „Da sieht man, dass der mehr Erfolg hat, der eine unbeschwerte Einstellung an den Tag legt." Profis schütteln bei derartig oberflächlicher Vorgehensweise den Kopf. Denen würde im Traum nicht einfallen, bei einem schwierigen Schlag einfach draufloszuprügeln. Berufsspieler bewerten die Balllage, überlegen: was wäre, wenn? Einmal festgelegt ziehen sie die gewählte Schlagvariante durch. Einige Pros bringen ihre „Überzeugungsarbeit" nachhaltig zum Ausdruck, indem sie intensiver grübeln, mehr Probeschläge als sonst praktizieren. Sie wollen sich ein Gespür für den Schlag in schlechter Lage vermitteln. Gegner des Gedöns verwehren sich dagegen. Ihre Intention: Jede Ballansprache muss nach dem gleichen Schema ablaufen.

Was einer denkt und fühlt, beeinflusst das Spielergebnis. Unterstützt von seiner Überzeugung lassen sich gelegentliche Unannehmlichkeiten leichter verkraften

„Gebucht ist gebucht." Auf dem Weg zum Clubhaus erreicht die Stimmung den Siedepunkt. Eigentlich war schon die stundenlange Anfahrt in der brütenden Mittagshitze zu viel. Blinde Löcher, struppliger Rasen und an die Spielbahnen dicht angrenzende Apartmentneubauten. All das entspricht bei weitem nicht den Erwartungen. Soll man gleich wieder umkehren?

„Gebucht ist gebucht!" (Selbst-)Erfahrungssuchende brechen aus der Tages- und Verhaltensroutine aus, verschaffen sich Abwechslung, was die Kasse hergibt. Trotz einzelner Fehltritte, überbuchter Startzeiten und überfüllter Plätze wagen reiselustige Spekulanten regelmäßig einen offenen Schlagabtausch.

Auf unbekannten Kursen geben vertraute Weggefährten ein gutes Gefühl

Eindrucksvoll, was es oft nach Zahlung der Spielgebühr gibt. Kostenlose Tees, Marker, Pitch-Gabel, Logoball und Bagtags. Und viele spielrelevante Daten im handlichen Format der Score-Karte. Mitunter kommen dazu noch Stroke Saver, vielleicht auch ein Pin-Positions-Blatt und die derzeitigen Platzregeln. Bei all der Fülle finden menschliche Bedürfnisse kaum Raum. Wo, bitte schön, finden wir Toiletten, Getränkeautomaten und Blitzschutzhütten? Wo steht auf der Score-Karte groß und fett die Service-Hotline? Abgesehen von hoffentlich seltenen Notfällen unterwegs würde die Nummer auch dem Geschäft der Betreiber einträgliche Dienste erweisen. Ein Anruf, und schon könnte sich etwas in Bewegung setzen: zum Beispiel Menschen, die auf Kosten der anderen alle Zeit der Welt haben. Laaangsamspielern mit freien Bahnen vor sich ginge es schnell an den Kragen. Weitere Anlässe, die heiße Nummer zu wählen, wären auch: Golfkarre bricht auseinander, Trolley-Akku lief leer oder Golfwagenmotor heiß.

Zaghafte Menschen haben es schwer, voller Skepsis wollen sie sich nichts vormachen. Andererseits erhoffen sie den Donnerschlag, der alles verändert. Nur flüchtig lassen sie sich auf Abenteuer ein. Schon bei der Auswahl von Lage, Ausmaß und Ausstattung des Platzes wirken sie ein wenig zimperlich, bevorzugen die Standard-Par-72-Plätze, obwohl Kurse mit ein, zwei oder drei Pars darunter oder darüber keineswegs an Imageproblemen leiden. Verrät ein Platz lange Bahnen, sät das wenig Hoffnung. Vielmehr löst es bei Hobby-Golfern unnötigerweise Kopfblockaden aus. „Fazio rangiert ganz oben auf meiner Blacklist", klagt ein Mitspieler. Der Handicap-29er fühlt sich vom Architekten Tom Fazio, der den Course designte, gedemütigt. Fazio: „Ein Golfplatz ist wie ein Gemälde." Seine Golfkurse, vermeintlich unfair gebaut, fallen bisweilen aus dem Rahmen. Sechsmal blieb dem

Mitspieler die Chance verwehrt, vom Tee über Wasserflächen, Schluchten und Roughs aufs Fairway zu schlagen. „Mehr als 150 Meter hol ich nie aus mir raus."

Durchschnittsgolfer haben's schwer. Die Plätze werden immer länger

Ab 5800 Metern aufwärts müssen sich alle aus der deutschen Durchschnittsklasse Handicap 27 ganz schön strecken. Einstellige werden von den Champions-Tees bis 6300 Meter gut bedient. Einsteiger, die permanent vom hintersten Abschlag auf dumpfen Bum-Bum-Plätzen ihr Glück versuchen und Längen erreichen wollen, die sie einfach noch nicht draufhaben, sollten sich nicht beschweren, wenn sie vom falschen Abschlag spielen. Sportlich anspruchsvoll offenbaren sich Anlagen, die jedem Handicapper eine Chance geben, vom entsprechenden Abschlag gespielt, sein Gesicht zu wahren. Die Challenge, wie es in der Golfsprache heißt, besteht in der Mixtur: tough, tricky – und long.

Auch wenn Kurzspielspezialisten jetzt aufschreien. Unser favorisierter Sport entwickelt sich immer mehr zur Weitenjagd. Bloß schade, dass historischen Plätzen langsam Grund und Boden ausgehen. Abschläge lassen sich nicht unbegrenzt nach hinten versetzen. Alte Bäume fallen immer wieder Modernisierungen zum Opfer. Die Verlängerung der Plätze und die Umwandlung von Par-5- auf Par-4-Löcher kommen dann vor allem furchtlosen, schlagkräftigen Longhittern zugute. Zumeist jenen vom Stamm der extrem Biegsamen.

Junge durchtrainierte Golfer finden sich auf „Autobahnplätzen" hervorragend zurecht. Bum, bum boomt und gewinnt ständig mehr Anhänger. Grip it and rip it, also pack den Schläger und hau drauf, steht auch bei Kids hoch im Kurs. Young guns, wie sie mitunter bezeichnet werden, prügeln so gewaltig wie nur möglich und nehmen sich erst später die Richtung und etwas Reduzierung vor. Oft unterstützt von unkonventionellen Lehrmeistern. Überall genießen Weitenjäger hohes Ansehen. Ihr Vormarsch ist unaufhaltsam. Die Maxime: erst Power, später Präzision. Das bringt Verfechter der reinen Techniklehre in Erklärungsnot. Zumal die jungen Wilden auf allen bedeutenden Touren den Ball weit an den Guten vom alten Schlag vorbeihauen.

Wertewandel auch im Golfplatzbau. Im Mutterland unseres Sports entfachen Explosionsschläge aus Pottbunkern gefühlsmäßige Sandstürme, spüren Golfer die Gischt auf der Haut, und das Dröhnen des Drives geht in der Brandung unter. Wie bei allen Dünenplätzen muss sich der Akteur immer wieder mit der Brise vom Atlantik auseinander setzen. Schottlands Klassiker am Küstenstreifen führen Golf-Fans zu den Ursprüngen. Natürliche Sandbunker, rollende Hügel und umfangreiches Gebüsch stehen aber leider nur noch begrenzt zur Verfügung. Was liegt näher, als ins Landesinnere zu ziehen. Parklandplätze entstanden. Mit computergesteuerten Bewässerungssystemen und genetisch optimierten Grassorten, vor allem fürs Grün, die eine strapazierfähige und auf schnell getrimmte erstklassige Qualität bieten.

Oft werden in der Fremde Entwicklungen in Gang gesetzt

Wüste, Wald und Wildnis: Hauptsache, es gibt Wasser. Mit der Grundvoraussetzung entstehen in den entlegensten Regionen unglaublich reizvolle, aber auch reizlose Anlagen. Künstliches rundet meist raffiniert das Gesamtwerk ab: Wasserfälle, Wasserläufe und Zierteiche, die glitzernd die Sonne reflektieren. Obendrein transportieren elektromagnetische oder benzinangetriebene Carts bequeme Golfer mühelos bergauf und bergab. Ausgeklügelte Navigationssysteme informieren präzise, wie weit es noch aufs rasant gemähte Grün ist, woher der Wind bläst und was sonst so geboten wird. Entertainment macht sich breit.

Natur gibt es nur noch im Rahmenprogramm. Fürs Auge bleiben gefällige künstlich-hübsche Anpflanzungen. Riesige Dünen in einer weit vom Meer entfernt liegenden Ebene oder monströse Baumreihen entlang aller Spielbahnen wirken wegen fehlender Abstimmung mit dem einheimischen Landschaftsbild eher schauerlich als schön.

Früher wurde ein großer alter Baum mitten auf dem Fairway abgeholzt. Heute ist das ein Teil der Dramaturgie. So ein Schattenspender verlangt vom ahnungslosen Spieler krumme Dinger, Kunstschläge in Form von Fade oder Draw, um schadlos vorbeizuziehen, und richtig heftig wird es, wenn der Wind pfeift. Windwirbeln ums verwurzelte Hindernis fällt neben Blättern auch der Ball zum Opfer. Auf ungezählten Plätzen, nicht nur im Mutterland des Golfsports, hemmen historische, biotopische und künstliche Elemente den Eifer, neues Strategiedenken ist angesagt. Für abschweifende Blicke scheint da keine Zeit mehr zu sein – beispielsweise auf dem Golfplatz Key Biscayne übers Wasser auf die aus dem Dunst herausragende Skyline Miamis. Oder in Marrakesch über opulente Wildblumen und Palmen zum schneebedeckten Atlasgebirge.

Böse Zungen unterstellen, dass besonders Spieler, die den Ball ganz toll treffen, wenig Interesse an imposanter Landschaft zeigen. Golfer, die so gut wie nie als Sieger hervortreten, sollen begeisterungsfähiger sein. Bei manchen macht's sowieso nur die Menge. Da fängt ein Liebhaber vom alten Schlag ohne jegliche Zurückhaltung an, über seine Golfclub-Sammelleidenschaft, wie er es formuliert, zu erzählen. Mittlerweile kann er auf über tausend weltweit verstreute Golfplätze verweisen. Bei der Aufzählung bleiben Zuhörer chancenlos, eigene Reisegeschichten einzuflechten.

Jeder kennt exzellente Plätze, die es in sich haben. Doch der Weg dorthin ist manchmal beschwerlich

Kontrollfreaks mutieren nicht selten zu gelasseneren Menschen

„Auf Golfreisen gibt es keine Fehlschläge, bloß Entdeckungen", lässt der Globetrotter als Einstieg vom Stapel. Bereits am Airport von Auckland gibt es erst mal was auf die Mütze. Zollkontrolle! Klebt etwa Schmutz oder haftet gar ein Grashalm an der Schuhsohle, gibt's Stress. Das Schuhwerk wird konfisziert. Ohne Erklärung muss der Schuhbesitzer ausharren, bis das Beschlagnahmte wieder auftaucht. Endlich. Mit strafendem Blick drückt der Grenzbeamte ihm die Golfschuhe in einer durchsichtigen Plastiktüte in die Hand. Gründlich gereinigt, desinfiziert und noch feucht. So, nun dürften keine fremden Bakterien mehr die Natur Neuseelands verseuchen.

„No!", gleich nach dem zweiten Schlag belehrt mich der australische Mitspieler im Royal Melbourne Golf Club. Ich bin mir keiner Schuld bewusst. War ich doch nur auf dem Weg, mein Divot wieder einzu-

Ein gewaltiger Abschlag muss her. Auswärts wachsen auch hohe Handicapper leichter über sich hinaus

Penha Longa, „The Ritz-Carlton" bei Lissabon, Portugal

setzen. Doch das Mitglied schiebt mich beiseite, fährt mit seinem Trolley ran und tritt ein Fußpedal. Feiner Sand rinnt auf die „Platzwunde". Im subtropischen Klima trocknet das herausgeschlagene Rasenstück schnell aus. Bald würden sich Würmer und Käfer darunter tummeln.

Der nächste Platz ist ein Volltreffer. Die Umgebung üppig tropisch und urwüchsig. Unter der Woche stört höchstens das schrille Vogelkonzert beim Abschlag die Konzentration. „Good Shot, Mistel!" Egal wie der Schlag gelingt, Caddies in Thailand, deren Sprache kein „r" kennt, erfreuen sich lächelnd an jedem halbwegs getroffenen Ball. Mit Schirm, Charme und Schlägern zeigen sie uns in drückender Schwüle den Weg. Die meisten von ihnen verfolgen von klein auf tausende Bälle, die zwischen Ehrfurcht gebietenden Tempeln und riesigen beleuchteten Werbetafeln fliegen. Mit Englisch kommt man hier zurecht. Anders ist es bei weiblichen Caddies im Rose Garden, südwestlich von Bangkok. Statt die Sprache zu lernen, schwänzen die Mädchen die Schule. Jungs kriegen hier keinen Job als Golftaschenschlepper. Unglaublich: Feste Startzeiten werden nicht vergeben. Es kann einem passieren, dass man vormittags am Wochenende Six-Balls-Flights, sechs Thais in einem Team, vor sich hat.

Wird Golf gelb? Vor einem im Stil eines Himmelstors errichteten Clubhaus wachen Militärs. Nach Passieren der Posten läuft es im Chung Shan Hot Spring Golf Club China, nahe Hongkong, wie in einer amerikanischen Golf-Fabrik ab. Der Besucher erhält ein Ticket mit Nummer, auf dem Greenfee, Handtücher, Sauna, Dampfbad, Schuhputzen und Verzehr notiert werden. Überall steht „No tipping". Doch wer gut schmiert, fährt gut. Ein Trinkgeld verwandelt demonstrative Unlust der Angestellten augenblicklich in äußerste Aufmerksamkeit. Verblüffend, mit welchem Sachverstand Caddies Breaks lesen und uns bei der Schlägerwahl zur Seite stehen. Auch in den Spielfluss mischen sie sich ein. Beizeiten weichen die Gärtner aus, die mit riesigen Gießkannen und Regentonnen – eine Bewässerungsanlage fehlt – den Platz in Schuss halten.

Empfänglich für Neues: Fremdgehen lockert Gewohnheiten und Denkmuster

Aloha! Barkeeper Jones spielt jeden Tag Golf. Der drahtige Engländer mit der hohen Stirn kam rum. Hier blieb er hängen. „Hawaii", ruft er emphatisch „ist für mich das Paradies auf Erden: keine Schlangen, das Wasser ist trinkbar und die Kriminalitätsrate niedrig." Ganzjährig geöffnet wegen der ständig wehenden Äquatorwinde, die zwischen 20 und 30 Grad schwanken, empfiehlt sich Mauna Kea. Zwischen tropischen Bäumen, gestutzten Hecken und gekappten Agaven schlängelt sich sein robuster Spielrasen durch schwarze Lava. Wer im Lavafeld keinen Strafschlag – es gilt als „seitliches Wasser" – hinnehmen möchte, steckt sich vor dem Flug einen alten Wedge ins Bag.

„It never rains in California", das mag ja stimmen, doch im Frühjahr mischt Mütterchen Frost mit. Saukalt ist es und Frost liegt auf den Grüns. Alle Startzeiten werden verschoben. „Ein Tritt, schon bricht das Gras auf dem Grün", sagt der Pro. Dennoch: Die Verzögerung nervt Starter und Spieler. Vom Einschlagen auf der nahen Driving

Range hält keiner in der Warteschleife was. Nach einer Stunde rollt das Geschäft in Maderas, San Diego, endlich an. An acht Spielbahnen säumen künstlich angelegte Teiche den Spielverlauf. Sechs tote Enten treiben auf dem Wasser. Ein Golfplatzarbeiter versucht sie geschwind mit einem Haken an Land zu ziehen. Ob die Chemiekeule über die Maßen zum Einsatz gelangt, damit für Golfspieler alles schön gedeiht, erfahre ich wohl nie.

Alle, so scheint es, wollen Freizeitspaß ohne Handicap. Ob einer den Sport erst für sich entdeckt oder er sich in der vertrauten Gruppe mit Gleichgesinnten misst. Schwarz und Weiß, Reich und Arm, Alt und Jung spielen. Golf for everyone zählt hier zum Alltag. Egal wie die Spielkunst ausfällt. Rabbits (Anfänger) und Cracks (Superspieler), Amerikaner und Ausländer sitzen gemischt in Carts – golfen zu Fuß ist hier, wie fast überall in den USA, verpönt, es ist nicht profitabel.

Zugegeben, mitunter sind gemischte Flights etwas mühselig für gute Golfer. Sie müssen sich zeitlich denen in der höchsten Handicap-Klasse fügen. High-Handicapper bestimmen in der Gruppe Entfernungen zum Loch. So passiert es, dass sich Low-Handicapper bei kurzen Par 4 leicht verführen lassen und die Fahne angreifen. Treffen sie: „what a great shot!", putten sie zum Eagle. Geht der Schuss des Schützen daneben und sein Ball landet im Gestrüpp, ist Vorsicht geboten. Denn wer dort rumstochert, läuft Gefahr, Schlangen zu treffen. Schilder auf südkalifornischen Plätzen warnen wie in Arizona vor Rattle Snakes. „Zurzeit ist das weniger ein Thema", erklärt ein Einheimischer. „Bei der Kälte verkriechen sich die Biester tief in ihren Bodenhöhlen. Nur bei Gluthitze kreuzen sich leicht mal die Wege."

Traumrunde: nichts mehr zu sehen von der Düsterkeit vergangener Tage

Hohes Greenfee schreckt erst mal ab. Läuft es aber gut, ist der Preis vergessen

Individualreisende, die wenig Wert auf Vorzeigebräune legen, schätzen Irland und den rauen Charme der allgegenwärtigen Mutter Natur. Ihre launischen Kinder Wind, Regen, Sonne und Kälte fordern und fördern 18 Löcher lang. „It could be worse" – es könnte schlimmer sein, ist ein geflügeltes Wort unter Insulanern. Während sich bei uns fast alle Buben lauthals um die Lederkugel auf dem Fußballfeld balgen, spielt ein beachtlicher Teil der Einheimischen für einen Apfel und ein Ei auf Golf-Wiesen, die verstreut um ihre Dörfer liegen. So lernen Jugendliche spielerisch Pitch & Putt.

Leider gibt es unter den zahlreichen Golfplatzbetreibern einige Spielverderber. Schluck, das Greenfee kostet mehr als eine Hand voll Euros. Ja, wir können nur staunen, wie viel wir hinblättern müssen, um den Fuß auf manch berühmtes und begehrtes Tee setzen zu dürfen. So vergeht mitunter die Lust „fremdzugehen". Wo ist eigentlich die Schmerzgrenze bei Spielgebühren? Golfplatz-Betreiber zucken Gästen gegenüber gleichgültig mit der Schulter: „Dann lassen Sie's doch!" Andere verweisen auf höhere Kosten, Wirtschaftslage oder Wetterschwankungen, die das Ergebnis verhageln und eine saftige Erhöhung zwingend notwendig machen. Nobelclubs in naher Citylage mögen grundsätzlich kaum Gäste. Die Mitglieder wollen unter sich bleiben. Einige von ihnen greifen dafür tief in die Tasche und spenden großmütig. Doch die Mehrheit denkt: Überzogene Greenfees schrecken ab. Die Offiziellen halten sich nach außen zurück. Wahrscheinlich will keiner das Finanzamt auf den Plan rufen und all die Vergünstigungen eines eingetragenen Vereins leichtfertig verlieren.

Einblicke bei Nachbarclubs helfen oft, Ärger im Heimatclub leichter zu ertragen

Hauptsächlich außerhalb der Ballungsgebiete heißt es: Gäste sind willkommen. Greenfee-Einnahmen tragen nicht selten zum Bestehen dieser Clubs bei. Also Preise runter und Zahl der Gäste bei reichlich freier Kapazität unter der Woche rauf. Bei der Gelegenheit: Über hohes Greenfee auf einem gepflegten Platz ärgere ich mich kurz, über eine durchschnittliche Spielgebühr auf einem Acker die ganze Zeit.

Immer bleibt der Golfkurs lang anhaltend im Gedächtnis, auf dem es wie geschmiert lief. Egal wie vertrocknet, überwässert, künstlich, geräuschvoll, arm, hässlich oder optisch schön und umweltfreundlich, der Platz anderen erscheint, für uns ist er nach einer Traumrunde der beste und schönste überhaupt.

Wer auf seinem Gebiet der Beste ist und wer sich noch Mühe geben muss, zeigen in anderen Sportarten Tabellen und Statistiken. Es zählt zu den Lieblingsspielchen vieler Leser, die Punktewertung der Formel-1-Piloten, die Computerweltrangliste der Tennisprofis oder die Tabelle der Fußballbundesliga zu studieren.

Unfassbar: Liegt uns ein Kurs, klappt's prima

„Mein schönster Platz ist ein Hit!" Wie nahe die Wahl der Wahrheit kommt, steht in den Sternen. Kein noch so profunder Kenner von Golfanlagen kann behaupten, auf jeder schon einmal gewesen zu sein. Das Ganze ähnelt einem Schönheitswettbewerb. Nichts gegen die Gewinnerin und kein Wort gegen die anderen Schönheiten, doch jeder wertet nach unterschiedlichen Gesichtspunkten: Ist der Platz eine renommierte Turnierstätte, ist er spielerisch anspruchsvoll? Befindet sich die Anlage in ausgeprägter Verbundenheit mit der Natur? Sicher regen versteckte Schönheiten an und tragen zum Spaß am Spiel bei, doch deshalb braucht keiner seinen Favoriten in den Himmel zu loben. Selbst honorigste Menschen, ewig unterwegs, verlieren da im Glücksrausch schon mal den Überblick.

Auffällig viele Urlaubsverweigerer leben in Süddeutschland. Auf gut besuchten Golfplätzen bekunden Ansässige regelmäßig allerhöchste Lebensqualität und Zufriedenheit. Die allerdings kennt Grenzen. Aufnahmegebühr und Jahrespreis einer Mitgliedschaft übersteigen im Ballungsraum München oft bei weitem jedes volkssportvernünftige Maß. Nur sieben Monate im Schnitt zieht sich die Spielzeit auf Sommergrüns hin, bevor Kälte, Schnee und Eis wieder einbrechen. Neidisch blickt Bayern gen Norden. Dort gewähren die Wetterverhältnisse fast das ganze Jahr über, voll im Schwung zu bleiben.

Zu den kapitalen Pleiten der Propheten gehört die vor Jahren gängige Weissagung, Computergolf würde immer mehr in die Welt der Golfer eindringen. Kein Bildschirm, mag er auch noch so groß sein, kann die magischen Augenblicke eines landenden Drives vermitteln, wenn eine warme Brise vom Meer weht. Kein virtuelles Birdie vermag die Atmosphäre zu simulieren, die da draußen herrscht. Keine Videotechnik, kein Internet und kein Gameboy liefert jene Empfindung, die vom Ton der Lochhülse, die in der die Fahne steckt, hervorgerufen wird. Keine virtuelle Runde am Computer ersetzt das Gefühl, auf dem Grün zu stehen. Mag die sündhaft teure Anlage im Keller, in der Halle oder im Hotel noch so moderne Technik aufweisen, über die Rolle des rasch langweiligen Ersatzplatzes kommt sie bei seinen „berühmtesten und schönsten Golfplätzen der Welt" nie hinaus.

Nur glanzvolle Erinnerungen in seine Welt einordnen und im Alltag strahlen lassen

Ständig auf Achse zählen unvorhersehbare Situationen zur Tagesordnung. Das verlangt hundertprozentige Konzentration, sonst gerät man besonders auswärts schnell unter die Räder. An Großflughäfen lauern oft die schlimmsten Taxifahrer auf Beute. Der etwas teurere Limousinen-Service einer Airline oder des Hotels erspart oft unangenehme Überraschungen. Ebenso Geldziehen am Automaten. Niemals beim Bezahlen größere Geldbündel herausziehen oder als Schmuckständer durch die fremde Stadt bummeln. Bekannte Problemviertel auslassen. Wird man dennoch mit Kriminellen konfrontiert, ruhig bleiben und im Notfall nachgeben – und abgeben.

Wir stehen immer unter Druck. Das kann – keineswegs nur auf Reisen – stark machen. Gehen wir freilich zu vorsichtig zur Sache, stehen wir mit dem Sport schnell auf Kriegsfuß. Vor allem Wettspiele auf fremden Plätzen vertiefen dieses Phänomen. Golf zählt sicher nicht unbedingt zu den Sportarten, die reibungslos Stress abbauen.

Der Mensch ist nur dort ganz Mensch, wo er spielt

Friedrich Schiller

Stichwort

Fremdgehen lohnt sich

Golfer auf Reisen

Oft blockiert Mangel an Flexibilität Fortschritte. Sture, unbelehrbare Angsthasen meiden neue Aufgabengebiete. Mag sein, dass uns das anfangs überfordert. Doch angesichts der laufend besser gewordenen Schläge wird klar: Der Gang auf fremden Pfaden entwickelt sich zum Muss. Stärkt das Selbstbewusstsein. Schon bald zählen Unternehmungslustige in unserer Handicap-Klasse zu den Besten. Wer die Abc-Zeit überstanden hat, dem öffnet sich die ganze Golfwelt.

So wird es vergnüglich und sportlich interessant

- Auf begehrten Plätzen, auch wegen der Mittagshitze, so früh wie möglich reservieren – meist reicht die Kreditkartennummer –, um vom Rest des Tages noch was zu haben
- Fragen, ob der Club verschiedene Greenfee-Preise am Tag verlangt und ob vorhandenes Handicap und Mitgliedschaftsnachweis ausreichen
- Eventuell noch Golfkarre, Batterie-Caddie oder zweisitzigen Golfwagen reservieren. Vielleicht auch Schläger und Schuhe
- Sich schon im Vorfeld via Internet, Golfführer oder Clubauskunft informieren, wie wir den Platz am schnellsten finden
- Ruhetag erfragen und sich nach Restaurant, Räumlichkeiten, Einschlagsmöglichkeiten und Sperrungen wegen Turnier, Platzarbeiten (z. B. Grüns vertikutiert und gesandet) oder Wetterschäden erkundigen
- Par-Folge der Partie schon mal im Kopf durchgehen. Empfindet man sie als angenehm spannend, erhöht das die Vorfreude
- Prüfen, ob Länge, Lage und Variantenreichtum der vorhandenen Schlagfertigkeit entsprechen, denn ein zu schwieriger Platz mindert das Vergnügen
- Nie über Gebühr auffallen, hat was. Die Rolex zu Hause lassen. An den Song von Bob Dylan denken: When You Got Nothing, You Got Nothing To Lose!
- Nach der Heimkehr nicht schockartig ins Gewohnte eintauchen
- Eindrücke sacken lassen und gleich von der nächsten Golfreise oder vom nächsten Ausflug zu träumen beginnen

Gemeinsam aktiv sein hat einen enormen Stellenwert für Paare. Sie strafen die Worte Tucholskys Lügen: „Die Ehe war zum jrößten Teile vabrühte Milch und Langeweile“

Villamartin, Costa Blanca, Spanien

Geschlechterkampf auf dem Golfplatz

„Gut, dann trennen wir uns eben." So ein Satz, im Streit herausgerutscht, kann verbrannte Erde in einer Beziehung hinterlassen. Heftige Auseinandersetzungen verbrauchen Kraftreserven, die dann im Alltagskampf fehlen. Paare, die häufig streiten, werden auch schwächer und anfälliger in ihrer Golf-Form

Schnupperkurse in Sachen Partnerschaft gibt es überall. Plötzlich knallt jemand in unser Leben. Wir träumen uns das Blaue vom Himmel und fangen an, unser Dasein (wieder) durch die rosarote Brille zu betrachten. Mit fester werdenden Absichten beginnt das berauschende Spiel mit den Aussichten. Die Frage: Kann ein Golfer überhaupt einem Menschen nahe sein, der seine Passion, die weit übers reine Freizeitvergnügen hinausgeht, ablehnt? „Ich glaube nicht", sagen die meisten männlichen Spieler. „Ich wüsste nichts mit so einer Partnerin anzufangen. Und sie wohl nichts mit mir." Ehe und Golf – geht das am Ende überhaupt gut?

Beziehungen, egal wo sie sich anbahnen, fallen entweder kurz und leidenschaftlich oder lang und langweilig aus. Ist es weltfremd, wenn jemand lang und leidenschaftlich will? Mitnichten. Nur für lau läuft nichts. Schnell verknallt, richten Hals über Kopf Verliebte ihre ganze Aufmerksamkeit auf die neue Liebe. So entsteht eine Art Abhängigkeit, die viele Dinge, die vorher wichtig waren – Familie und Freunde –, vernachlässigt. Die neue Liebe nimmt alles in Beschlag. Doch der Sturm legt sich. Die Glückverheißung geht unter. Last mit der Lust taucht auf. Nie war es so schwer, eine Beziehung über längere Zeit aufrechtzuerhalten. Konkurrenz lauert überall. Sie ist meist groß, jung, fröhlich und einfallsreich unterwegs. Weil Vertrautes mit den Jahren an den Nerven zerrt – heute nicht, Schatz –, zieht es so manchen Partner nach einem verzogenen Ball eher ins Unterholz statt ins traute Heim. Über kurz oder lang geht Euphorie verloren.

Liebe ist ein ewiges Lernen, mitunter fallen Lektionen teuer aus

Mal quält der Job, mal quengeln die Kinder oder der ausgereizte Dispo auf dem Konto bringt uns um den Schlaf. Schnauze-voll-Stimmung macht sich breit. Die Bereitschaft, sich zu arrangieren, sich gegenseitig zu motivieren, fällt kümmerlich aus. Das Aufeinander-Ein- und Zugehen kommt immer mehr zu kurz. „Wie konnte das passieren?" „Red keinen Scheiß!" „Lass mich in Ruhe!" Erst ist es leise, dann laut und irgendwann schmerzhaft sprachlos. Jeder weitere Verkehr miteinander beschäftigt teure Anwälte.

In Großstädten trifft die Scheidungsrate jede zweite Ehe. Die meisten nach drei Jahren. Auf dem Land trennt sich statistisch jedes dritte verheiratete Paar. Leider gibt es keine zuverlässigen Rezepte für romantische Partnerschaft, berauschende Gefühle und niemals endendes Liebesglück. Wer langfristig zufrieden sein will, muss sich mit dem Gedanken anfreunden, dass hemmungsloses Begehren nachlässt.

Notausgang Seitensprung? Um Gefallsucht und die Gefahren der Gefälligkeit geht es jetzt. Wenn jemand nämlich gefällig ist, gefällt er schnell der Mehrheit. Sicher spielt das Aussehen bei der Anziehung zwischen zwei Menschen eine entscheidende Rolle. Letztendlich kommt Liebe nicht ohne körperliche Nähe aus. Nur Begehren bedeutet für die meisten reine Gier. „Gerade beim Fremdgehen ist die Geilheit nun mal stärker, als wenn man sich ständig auf der Pelle sitzt", heißt es hinter vorgehaltener Hand in manchen Clubumkleideräumen. Hemmungslose Leidenschaft braucht wohl das Fremde. Manchmal funktionieren und halten Beziehungen gerade deshalb so lange, weil es heimliche Nebenbeziehungen gibt. „Blödsinn", behaupten andere! „Keiner muss in fremden Betten wühlen. Intensive Vertrautheit und Erotik brauchen sich auf Dauer nicht auszuschließen." Schließlich wissen wir von vielen Omis und Opas, dass gemeinsam schwere Zeiten durchstehen in der Regel mehr verbindet als Nächte voller Leidenschaft. Zugegeben: Bleiben sie aus, folgen zunächst Schuldgefühle, Vorwürfe, dann Streit, verbunden mit Leidenszeit.

Aussöhnung erleichtern, zum Beispiel mit: Es tut mir Leid

Der Stachel sitzt tief. Frieden schließen um jeden Preis? Koste es, was es wolle? Nein danke! Zwangsweise Umarmung lehnen manche kategorisch ab: „Das kann es nicht sein. Mir reicht's, das war's." Doch eher selten fällt der Vorhang gleich für immer. Der Schlussakt des Stücks „Die Liebe ist ein seltsames Spiel" wird verschoben. Und endgültig Schluss machen so manche eh nie. Von wegen schön kühl bleiben. Als ob das so einfach wäre, wenn wir Gefühlsausbrüche der Geliebten miterleben. Ist doch herzzerreißend. Gerade nach der Versöhnung „I love you" gehaucht, ist es zumeist um die Fassung geschehen. Im Kino enden viele Schnulzen mit Happyend. Fakt ist: Rund zwei Drittel der Geschiedenen versuchen es ein zweites Mal. Häufig genügt es, überzogene Erwartungen herunterzuschrauben, und siehe da, der einstige oder derzeitige Lebensabschnittsgefährte ist der Richtige.

Wenn die „wilden Jahre" vorüber sind, braucht die Beziehung neue Perspektiven und Gemeinsamkeiten

Das Bedürfnis nach Austoben, Trubel und Tanz lässt auch wieder nach. Die Offenheit für heftige Reize, neue Erfahrungen und „ich will etwas erleben" wird weniger. Ehemals Extravertierte werden mit den Jahren zu Introvertierten und umgekehrt. Bei manchen Menschen prägt sich der Charakter schon Mitte zwanzig, andere brauchen nochmal so viel Zeit. Manche genießen das Stubenhockerdasein, andere gehen mal wieder aus und werden geselliger. Neugierig entdecken sie die Welt der Theater, Museen und Ausstellungen. Doch oft kehren die meisten nach kurzer Zeit zu ihrem eingefahrenen Verhalten zurück. Sie lieben es einfach, wenn ihr Leben in überschaubaren Bahnen verläuft. Im Grunde genommen tun sie sich keinen Gefallen, wenn sie mit Gewalt ausbrechen und ihr Dasein total umkrempeln wollen. Ebenso töricht ist es, Druck auf seinen (neuen) Schatz auszuüben, endlich Schläger in die Hand zu nehmen. Lehnt jemand, trotz aller Zuneigung, Chip und Putt für sich strikt ab, muss es noch lange nicht heißen: „Jetzt leben wir uns völlig auseinander." Stabile Beziehungen halten noch genügend andere Gemeinsamkeiten bereit. Rennt nach dem ersten Test auf der Driving Range das neue Glück gern mit auf den Golfplatz, kann eine Phase mit noch mehr gemeinsamer Zeit und reichlich Spaß beginnen. Anstrengend darf es dabei ruhig zugehen – das bringt gute Laune und die macht Lust auf mehr.

Ausgeglichenheit führt im Golf wie in der Ehe zu vorzüglichen Resultaten

Es gibt Dinge, die geschehen einfach. Irgendwann muckt der anscheinend „schwächere" Partner auf, stellt eingeübte, altvertraute und bewährte Rollen in Frage. Spätestens jetzt hängt der Haussegen schief. Dem Partner mit der dominanten Rolle erscheint die Situation bedrohlich, soll er doch etwas Gewohntes aufgeben. „Das kommt überhaupt nicht in Frage!" Überwiegend Mannsbilder meinen, den Beziehungsverlauf für immer und ewig bestimmen zu können. Sie pochen auf Garantie- und Besitzansprüche. Dabei vergessen sie allerdings: Jeder muss sich seinem Schicksal vor, im und nach dem Liebesrausch stellen. Nüchtern betrachtet weiß nämlich keiner, wie lange die Liebe hält. Es steht in den Sternen, wann Schnuckelchen ihren Mucki weniger begehrt und vielleicht auch betrügt.

Sich mit dem Partner auf dem Platz grandios fetzen, sich danach im 19. Loch gegenseitig Trost spenden, einen heben, miteinander speisen, einen Abend voller Intensität und intimer Herzlichkeit erleben, zieht Gesprächsstoff nach sich. Im positiven wie im negativen Sinn.

„Ein Diplomat denkt erst zweimal nach, bevor er nichts sagt." Das steht im dicken Buch der Weisheit von Winston Churchill. Diplomatisch die Klappe zur richtigen Zeit am richtigen Ort aufzumachen oder zu halten beherrschen die wenigsten. Nachdenken und im passenden Moment reden und schweigen können ist eine Gabe, die nur wenigen in die Wiege gelegt wurde. Die Losung „Schweigen ist Gold" vergessen wir immer häufiger. Und so hallt manches nur schnell mal so Dahingesagte verdreht wider, gerät in den falschen Kanal und spült womöglich später übel hoch.

Es spricht doch eigentlich nichts dagegen, beim Friseur oder bei der Kosmetikerin das Neuste über Fixsterne am Klatschspaltenhimmel zu erfahren, etwas auszuplaudern und über andere herzuziehen.

Spannende Nachforschung: Was hält Partnerschaften zusammen?

„Hast du schon gehört ...?", findet überall frohlockende Zuhörer. Schneiden, Färben, Legen. Wer bitte schön schneidet auf? Wer färbt schön? Welche Frau oder welcher Mann legt nach? Leute-Magazine machen es vor. Schlüssellochjournalismus ist gefragt wie eh und je. Glamouröse oder wild wuchernde Klatsch- und auch haarsträubende Königshausgeschichten zwischen Alltagstrott und Arbeit – und Fernsehen am Feierabend – mögen fast alle.

Berühmt, berüchtigt oder irrtümlich bekannt? Jeder plaudert gern mal, wer mit wem und überhaupt. Grundsätzlich nichts Schlechtes. Es tut gut und lenkt von eigenen Problemen ab. Vielen dient es sogar zum Stressabbau. Ist es nicht herrlich, ohne Tabus über eigene und fremde Schwächen zu tratschen? Intime Details preiszugeben, Niederlagen einzugestehen und jemanden mit seinen Sorgen konfrontieren zu dürfen. Das schafft Vertrauen. Nebenbei gesagt: Bemerkungen zu Macken, Meinungen und Missgeschicken anderer sorgen gewöhnlich für gemeinsame herzhafte Lacher.

Volltöner am mobilen Telefon erschüttern ganze Restaurants, schallen übern Flur bis runter aufs Fairway. Bei der Pflege ihres sozialen Netzwerks kennen hysterische Lacher und lautstarke Alleinunterhalter keine Hemmungen. Frauen hören in der Regel, nicht nur bei Telefonaten, besser zu und erkennen im Gespräch eine ganze Menge an der Mimik des Gegenübers. Zudem verfügen sie wohl über ein größeres Einfühlungsvermögen als die meisten Männer. Sicher liegen sie in puncto Pflichtbewusstsein, Verträglichkeit und Herzenswärme vorn.

Männer hingegen öfter bei großspurigen Leistungen, ausschweifender Geselligkeit und der Gier nach Neuem. Alles kein Thema, solange nichts und niemand in den Schmutz gezogen wird. Aber schnell rutscht mal was raus und mutiert zur Intrige.

Die Gerüchteküche brodelt: Wer wird als Nächster in die Pfanne gehauen? Bei provozierenden Aussagen horcht jeder hin. Das Lästermaul legt nach, setzt ein sardonisches Lächeln auf und versprüht Lust auf Konfrontation. Nicht jeder Introvertierte sucht nur ruhige und verträgliche Gefährten, aber jeder Extravertierte hält sich bekanntermaßen an ein Umfeld, das umfangreich und ausschweifend Tamtam, Hopsasa und Trallala bietet. Ab und zu finden sie es allerdings spannend, von 180 auf null runterzubremsen. So unterschiedliche Charaktere machen Gespräche spannend.

Probleme werden leider ungern erörtert. Warum eigentlich? Solche Gespräche können zum Nachdenken animieren, nützen und Freundschaften begründen. Sicher, es tritt auch immer wieder das Gegenteil ein. Kommen einem Sachen zu Ohren, die wehtun, ist der Gemeinte im ersten Moment sprachlos. Es dauert, bis Schock, Scham und Wut sich zurückziehen. Geht es dabei mit harten Bandagen zur Sache, kann das durchaus zu seelischen Verletzungen führen. Souveränes Denken und Handeln leiden darunter. Ist Sie in der Opferrolle verletzlicher, schüttelt Er leichter etwas ab und ignoriert es? Klischeedenken! Das hat nichts mit dem Geschlecht zu tun. Leider bleibt nicht selten ein bitterer Nachgeschmack, wenn Giftmischer gezielt – angetrieben von Rache, Eifersucht und Neidgefühlen – Gerüchte ausstreuen. Mitunter entwickeln sich auch unbedacht geäußerte Vermutungen zum Selbstläufer. Auch wenn meist gar keine böse Absicht dahinter steckt.

Am Ende: nicht lange rechtfertigen. Nieten zieht jeder mal

Stimmt ein Vorwurf, weigern wir uns, die Sache oder den Fehler schlimm zu finden. „Ach was!" Das stinkt dem Angreifer. Auch Ironie kann helfen. „Ich finde es herrlich, wie gewählt Sie sich ausdrücken können." Aber bloß keine falsche Höflichkeit. Wer unfaire Kommentare loslässt, soll nicht ungeschoren davonkommen. Wie die Situation retten? Als Erstes gelassen, selbstsicher und überzeugend auftreten. Wer da noch Defizite hat, investiert am besten in einen Seminarbesuch. Freier reden lernen zahlt sich in erster Linie für übersensible Menschen aus. Quasi auf Knopfdruck rufen sie künftig bei Vorwürfen die gelernten, pauschal verwendbaren Beschwichtigungen ab. „Das mag Ihr Eindruck sein, jedoch es ist so, dass ...!" „Das ist Ihre Meinung, das ist okay." Oder sie wappnen sich schon vorab mit dem Standardsatz: „Ich denke darüber nach." Wird hartnäckig weitergebohrt: „Lassen Sie mich doch noch nachdenken. Ich brauche Zeit ..." Und schon läuft die Provokation ins Leere.

Konflikte gehören zum Leben

Ist der Vorwurf falsch, schießen wir zurück. Feuer frei? Nicht gleich scharf. Prinzipiell behaupten wir erst mal sicher und schnell das Gegenteil. Und wichtig: selbstbewusst sprechen. In der Aufregung wird die Stimme schnell höher und ein weinerlicher oder keifender Ton schleicht sich ein. Pausen machen, ruhig atmen, damit die Stimme unten bleibt. Gelingt das nicht, vielleicht sogar Schauspiel- oder Gesangsunterricht nehmen. „Lachen Sie ruhig über mich. Mein Freund tut das ständig." Bitte? „Ja, wenn er Witze reißt, fühle ich mich wohl, weil ich dann weiß, ich bin noch im Gespräch." Auch bei unflätigen Ausdrücken ruhig reagieren. Etwa so: „Sie haben mich beleidigt, das Gespräch ist für mich einstweilen beendet." Oft genügt es aber, im Konflikt elegant das Thema zu wechseln, wegzusehen oder den Angreifer einfach stehen zu lassen.

Wortlos stürmen Männer nach dem Schlag los, und wer nicht mithält, hat halt Pech gehabt. Frauen dagegen achten gern gluckenhaft darauf, dass die ganze Gruppe gemeinsam loszieht

Wurschtelt eine Frau nach dem Schlag noch in ihrer Golftasche rum, warten die anderen höflich. Das hat zur Folge, dass die Runde etwas länger dauert als notwendig. Lahmt ein Mann, ziehen die anderen stumm weiter, ständig ihr Objekt der Begierde, den Ball, im Auge. Mit knappen Worten zeigt ein Mannsbild dem anderen, wo's langgeht. Lang, länger am längsten spielen sie eh am liebsten.

Versorgungsdenken ade: Erfolgreiche Frauen können es sich leisten, auf andere Qualitäten beim Auserwählten zu achten

Seefeld-Wildmoos, Seefeld, Österreich

„Ich krieg die Krise, dieses Gockelgehabe gewisser Golfer!" Schon komisch zu sehen, wie Männer sich auf dem Parkplatz in vorderster Reihe gegenseitig ihre Fahrzeuge vorführen. Derartige Rituale gibt es auch im Clubhaus. Breitbeinig sitzen die Herren der Schöpfung da und scheinen weibliche Wesen gar nicht wahrzunehmen. Begrüßungsformeln fallen unter den Tisch. Und haben Frauen trotzdem den Mut, den Mund aufzumachen, dann verdrehen die Stoffel die Augen, flehen den Himmel an: Lass das Weib den Mund halten.

Unsäglich auch ihre Diskussionen über Schwung, Figur, Kleidung. „Golf ist doch kein Schönheitswettbewerb. Von den männlichen Bierbäuchen in aufgetragenen Klamotten, ihrer runzligen Stirn sowie ihrem Umgang mit der Fernbedienung des Elektro-Carts ganz zu schweigen", hörte ich kürzlich eine Golferin über ihre Mitspieler sagen. In ihren Augen treten die so auf, als ob sie den ganzen Golfplatz für sich einnehmen wollen. Als aberwitzig empfand es übrigens die ältere Dame, die seit Jahren einstellig spielt, dass Mann meint, immer tonangebend sein zu müssen. Erst heute wollte ein Maulheld ihr partout weismachen, wie sie zu schwingen hat. „Dann kann es schon mal krachen! Zumal das Handicap von dem Kerl mehr als dreißig Schläge über meinem liegt."

„Frauen leben länger, kriegen seltener eine Glatze und legen ihr Geld besser an", sagt eine leitende Bankangestellte auf der Clubhausterrasse. Renommierte Anlageprofis pflichten ihr bei. Bestätigen, dass die Frauen im Schnitt in Geldsachen weniger habgierig und gefühlsbetont vorgehen. „So ersparen sie sich Herzattacken." Etliche Herren dagegen verrichten ihre Geldgeschäfte mit großem emotionalem Engagement. Liegen Männer falsch, korrigieren sie sich seltener als Frauen. Wenn es schief geht, klagen sie über Verluste auch noch nach dem letzten Putt. Es soll Situationen geben, wo Männer geheult haben. Aus Wut, weil über Nacht ein Batzen Geld futsch war. Na ja, weinen ist kein Privileg des zarten Geschlechts.

Ständig im Gespräch: männliche Protzrituale und weiblicher Ehrgeiz

Zurück zum Geschlechterkampf auf dem Golfplatz. „Eine Frau", sagt Mann, „muss wissen, auf was sie sich einlässt. Spielt sie grottenschlecht, wird sie gern von uns gedrückt: armes kleines Ding." Wagt sie es tatsächlich, den Gipfel zu stürmen, sprich Silber zu greifen, lästert der gleiche Kerl los: „Guck dir die ehrgeizige Zicke an!" Frauen haben es in einer (noch) dominanten Männergolfwelt schwerer zu gewinnen. Setzen sie sich mit überragender Spielintelligenz in Szene, kriegt der Mann das im Kopf kaum geregelt. Lauthals macht er sich über ihren „Krokodilstil" lustig: „Schnapp-, plus Schnapp-, plus Schnappschlag. In der Kürze liegt die Würze." Aber all ihre Treibschläge finden sich auf dem Fairway wieder. Bestechend präzise fällt auch ihr kurzes Spiel aus. Mit der unspektakulären Spielweise bringt sie unterm Strich weitaus mehr zuwege als jeder Hau-blind-Drauf. Das macht Gorillas unter den Golfern fertig. Vor allem, wenn sie beim nächsten Turnier wieder weit vor dem Mann auf der Siegerliste rangiert.

Die Sache mit der Quote hinkt in vielen Bereichen der Gesellschaft. Egal ob Frau oder Mann, wir bewundern Menschen, die deutlich eine Meinung vertreten und sich nicht gleich jedem Stil und Trend anpassen. Frauen nehmen sich bekanntlich Kritik mehr zu Herzen. Eine Menge Frauen wollen geliebt werden und es möglichst allen recht machen. So werden sie seit Generationen erzogen. Männer wollen Macht. Möglichst allein. Sie tun sich schwerer im Team.

Nehmen wir das Beispiel des überehrgeizigen Perfektionisten, innerlich unsicher, zittrig und fahrig. Er wünscht sich mehr Zuneigung in seiner Beziehung. Das könnte ihn lockern, um Probleme und Tiefs zu bewältigen. Dafür sind Beziehungen da, dass Partner mit Problemen behelligt werden dürfen. Sofort, nicht erst wenn zwei sich auseinander gelebt haben. Sich nur nicht schonen oder gar unangenehme Themen meiden. Eines Tages kommen die eh auf den Tisch und dann nervt das so richtig. Bitterkeit macht sich nachträglich breit, wenn schmerzlich klar wird, was wir versäumt haben. Also ersparen wir uns das. Besonders Männern fällt es nicht leicht, zuzugeben, dass etwas schief gelaufen ist. „Frauen", sagen sie abwehrend, „komplizieren gern alles."

Wer wartet, der erwartet. Kleine Gesten und Geschenke erhalten die Freundschaft! Gibst du mir, geb ich dir: Vom Blumenstrauß bis hin zum Diamantring ist alles erlaubt. Tut mir jemand etwas Gutes, steigt die Motivation, mich zu revanchieren. Allerdings Vorsicht vor Überhäufung. Sonst kommt schnell der Verdacht auf, es diene der Besänftigung des schlechten Gewissens – beispielsweise nach einem Fehltritt.

Sich auf Partner einlassen, dem anderen die Meinung sagen, kann verbinden

Aber keiner soll lange in der Wunde bohren: Die Schürfwunde vom Schmutz befreien, säubern, desinfizieren, verbinden – fertig. Andererseits braucht die Verletzung Zeit, damit sie in Ruhe heilen kann. Vergeben, vergessen und etwas nachsehen will gelernt sein. Also bei aufkeimenden Problemen in der Partnerschaft, aber auch unter Freunden über seine Gefühle frei reden hat schon was für sich. Wer bei schwierig werdenden Verhältnissen seine Augen schließt, im Kinderglauben, wenn er nichts sieht, sehen die anderen auch nichts, irrt.

Der Kluge hält sein Wissen im Zaum. Zu viel davon trübt mitunter das Lebensglück. Alleswisser stellen hohe Ansprüche. Besonders in Beziehungen

Einfache Menschen, meinen Intelligenzbestien nicht selten überheblich, haben weniger Probleme, weil sie weniger nachdenken. Ein nie endender Streit herrscht diesbezüglich zwischen Männlein und Weiblein. Bekanntermaßen ist – da sind sich die Forscher einig – das durchschnittliche weibliche Hirn kleiner als das männliche, aber Größe ist nicht alles. Klasse statt Masse kommt ins Spiel. Weltweite IQ-Tests, die die gesamte Bandbreite geistiger Leistungen prüfen, brachten zu Tage: Beide Geschlechter sind gleich gut. Das ausgeglichene Abschneiden erklärt aber noch lange nicht, wie es in den Köpfen aussieht. Erziehung und Erfahrung geben neben der biologischen Basis oft den Ausschlag für typisch männliche oder weibliche Verhaltensweisen.

Auf Golf bezogen fällt auf, dass Mannsbilder schneller „Big stick", den Driver, aus der Tasche ziehen als Vertreterinnen des weiblichen Geschlechts – egal wie eng und gefahrenvoll die Spielbahnen verlaufen. Machos bevorzugen Power pur. Doch zu starker Körpereinsatz bremst bekanntlich die Schlägerkopfbeschleunigung. Sind das die Gene, die den Mann mit Tunnelblick losstürmen lassen, um den Platz auseinander zu nehmen?

Mehr loben: das Positive am Partner wahrnehmen

Machen wir weiter mit den Verhaltensmustern. Frauen lassen sich sehr wohl – nur nicht immer vom eigenen Mann – auf der Runde was sagen. Raffiniert ziehen sie ihren Begleitern Tipps und Tricks aus der Nase. Tratsch am Tee, haben wir schon erfahren, gehört für sie zur Festigung des sozialen Zusammenhalts. Hau-drauf-Typen stellen sich deshalb gleich weit weg: „Gott sei Dank haben wir kein Plapper-Gen." Wird ein Mann angesprochen, kommt schnell das große Kannitverstan als Abwehr. Grunz- und Brummlaute folgen. Die Damen verfügen dagegen über mitreißende „Aha!"-, „Ah ja?"- oder charmante „O schön"-Begleitlaute. Allein in der Mimik liegen Welten zwischen Mann und Frau. Mit Jagdblick will er seinen verwegenen Plan, das gewaltig erscheinende Holz 1 zu spielen, verfolgen. Männer empfinden Einwände oder Ratschläge als schwere narzisstische Kränkung. Gerade nach Hackern, also im Härtefall unter starkem Stress, schotten sich Männer ab, setzen ein Pokerface auf. Sie wollen ihr eigener Problemlöser sein. Dabei verletzen sie nicht selten das Gebot der Höflichkeit. Gerade wenn Frau ein Problem zuweilen sehr ausführlich schildert, fallen sie ihr ins Wort, bieten allzu schnell eine Lösung oder machen gar einen Vorwurf – natürlich nur in guter Absicht. Genau das bringt Frau zur Verzweiflung. Also Männer: nicht gleich die schlaue Lösung parat haben, einfach mal nur ganz Ohr sein.

Wie häufig man es tut, zählt wenig, wichtiger ist, dass es beiden gefällt und reicht

Die Geschlechterdebatte – manche nennen sie auch „ewige Quelle von Missverständnissen" – ist für ungezählte Menschen eine never ending story. Warum (Lebensabschnitts-)Partner fundamental aneinander vorbei fühlen, denken, reden, handeln und oft genug lieben, wird die Erde bewegen, solange sie sich dreht. Schon die sexuellen Prioritäten werden wohl in Beziehungen immer wieder für Zündstoff sorgen. Und beim Golfspiel kann der Gleichheitsfimmel nie auf fruchtbaren Boden fallen, das zeigt sich schon am Abschlag. Grund, weshalb mancher Macho sagt: „Ich mag keine Frauen im Flight!" Und die Sichtweise vom roten Abschlag kommt nie der vom hinteren weißen Tee gleich. Wer akzeptiert, dass Prioritäten, Bedürfnisse und Wünsche von Frauen und Männern niemals gleich sein werden, erspart sich reichlich Stress in der Beziehung.

Glücklich, der einen wahren Freund findet.
Glücklicher, der in seinem Weibe eine wahre Freundin findet

Franz Schubert

Stichwort

Geschlechterkampf auf dem Golfplatz

Beziehungskrisen meistern

Nicht jeder hat die beneidenswerte Gabe, sich seine positive Grundstimmung durch nichts und niemanden vermiesen zu lassen – egal wie hart ihm der Wind ins Gesicht bläst. Für den einen ist die Trennung eine Erleichterung, der andere leidet jahrelang darunter. Klare, sachliche Argumente und Diskussionen bekommen jeder Beziehung besser als falsche Harmonie und Nachgiebigkeit. Wer mit einer übergroßen Portion Empfindsamkeit ausgestattet ist, braucht ab sofort eine Art Schutzschild.
Damit uns nicht jede seelische Ohrfeige oder unüberlegte, dumm dahingesagte grobe Bemerkung aus der Haut fahren lässt, hier was fürs dicke Fell.

Sich weniger zu Herzen nehmen

- Im Alltagstrubel: nicht den Partner, sondern das Problem zum gemeinsamen Feind machen
- Aufpassen, dass keine unangemessene Bemerkung rausrutscht
- Stets erst mal von Nichtschuld ausgehen, das heißt, vielleicht liegt man mit seiner Deutung falsch
- Sich besonnen mit abrufbereiten Brückensätzen vor Attacken schützen, ohne den anderen mundtot zu machen oder mental schachmatt zu setzen
- Gelassen fragen: Auf was stützt sich deine Vermutung?
- Falls man ins Fettnäpfchen getreten ist, um Verzeihung bitten
- Sich schlimmstenfalls mit einer Notlüge oder Ausrede aus der Affäre ziehen
- Sich sagen: Unverwundbar ist niemand, bestimmte Menschen, Gesten, Sätze, die uns mehr oder weniger kränken können, gibt es immer
- Öfter vergeben und vergessen. Allerdings ist das kein Anlass, in Opferhaltung zu verfallen
- Sich gleich für den Wiederholungsfall stark reden: Ab heute stresst mich niemand mehr!
- Sich am Schluss einer Auseinandersetzung fragen: Wie wird das Geschehene in einem Monat, einem Jahr beurteilt werden? Oft ist die Schlussfolgerung: einfach lächerlich

Raus aus der Neidfalle

Bei der Preisverleihung sieht jeder mal rot. Man ist nicht dabei, obwohl man so gut spielte. Solche Aufreger können einen runterziehen. Schluss damit. Es muss uns gelingen, Störenfried Neid zu vertreiben, einzustellen oder klein zu halten.

Unser Mitspieler hat einen Lauf und Feuer in den Augen. Er trägt so ein relaxtes Lächeln vor sich her: Ihr könnt mir gar nix. Ein ungewöhnliches Auftreten bei seinen Qualitäten – und läge er nicht so großartig im Score, käme man glatt auf die Idee, einen durchschnittlichen Spielpartner im Flight zu haben. Auch wenn es hart auf hart kommt, ihm einer hinterrücks in den Schwung quatscht oder auf der Putt-Linie rumtrampelt, er bleibt souverän: „Nichts und niemand darf mich beeindrucken. Ich will gewinnen." Wellenbewegungen sind ihm vertraut. „Grundsätzlich hab ich keine Zweifel. Auch wenn ich mal patze. Ich weiß, dass ich solides Golf spielen kann." Ungerührt locht er erneut einen kniffligen Putt zum Par. Es gelingt ihm, Spott und Sticheleien nicht persönlich zu nehmen. Eben einfach sein Ding durchzuziehen. Zauderer wie Verzagte zu ignorieren. „Ich war schon so oft in schwierigen Situationen und hab mich nie auf verbale Duelle eingelassen." Kommen Neidattacken auf? Nein, der Bodenständige lächelt sie alle nieder. Seine Körpersprache verrät Ruhe und Kontrolle – auch bei der Siegerehrung.

„Ist das denn nötig, der schon wieder. Hoffentlich sieht man mir nicht an, was ich empfinde", kommentiert jemand spitz die Preisübergabe: Wenn Blicke töten könnten, würde der ausgezeichnete Sieger es nicht einmal mehr nach vorn schaffen. Neid ist allgegenwärtig. Niemand

Blanker Neid kann aufkommen, wenn man bei anderen Preise sieht, ohne selbst nur einen Bruchteil davon gewonnen zu haben

ist frei von diesem beißenden Gefühl. Siege werden geliebt, nicht jedoch die Sieger. Schon gar nicht Seriensieger aus derselben Handicap-Klasse, in der man selbst die Preise einheimsen will. Gönnen können fällt bei überragenden Golfern leichter. Wer auf unerreichbarem Niveau auftrumpfen kann, wird weniger beneidet, eher bewundert. Schließlich schnappt ja ein Brutto-Sieger keinem ein kleines Netto-Silberschälchen vor der Nase weg. Allgemeine Schadenfreude bereiten Außenseiter. Gelingt es ihnen, Favoriten gekonnt ins Leere laufen zu lassen, steht alles Kopf. Jeder kennt Cinderella-Geschichten vom Golfsport, wie sie kitschiger selbst Hollywood kaum fabriziert. Niedergeschlagene und Siegertypen, die keiner auf der Rechnung hatte, drücken nicht selten auf die Tränendrüsen.

Neid ist verpönt. Zu Unrecht!

Da gibt es schlichte Wahrheiten, die das Abc der Sportphilosophie als Trost parat hat: „Du musst mit Anstand verlieren." Wir akzeptieren: Ich kann nicht alles erreichen. Deshalb bin ich nicht schlechter, nur weil andere mich auf manchen Gebieten schlagen können. Viel schwerer fällt es, hinterher Ungerechtigkeiten zu verdauen. Keiner klatscht bei der nächsten Preisüberreichung. Denn der Sieger ist bekannt dafür, nur vorgabeunwirksame, aber großartig ausgerichtete und prestigeträchtige Turniere zu bestreiten. Regelmäßig setzt der Strolch, pardon, der Handicap-Schoner, sich mit unglaublichen Unterspielungen durch. Ist das einst propagierte Fair Play passee?

Der Stimmungskiller Neid wird angesichts des breiten Siegergrinsens aktiviert, jede gute Kinderstube wegen der aufschäumenden Wut auf die Nagelprobe gestellt. Das Gefühl, ohne die kleinste Chance gestartet und plump betrogen worden zu sein, ist ein Hammer, bewegt viele Gemüter. Und die Erkenntnis, dass es dem Handicap-Schoner jetzt besser geht als uns selbst, zündet den Funken, unser Glück nicht so gut geschmiedet zu haben wie er.

Niemand bleibt ganz verschont von blanken Neidgefühlen. Das emotionale Gemisch aus Wut, Konkurrenz und Begehren gehört zur menschlichen Grundausstattung. Warum gibt es so viel Neid?

Krankhafte Suche nach Antworten schädigt die Persönlichkeit. Schmollen und zu sehr auf die da oder den da schauen, lässt oft den eigenen Antriebsmotor sauer werden. Es liegt wohl in der Natur des Menschen, sich ständig zu vergleichen. Nicht nur beim Handicap, auch bei Alter, Besitz, Einkommen, Schönheit. Es nervt, zu sehen, dass manche vom Leben bevorzugt werden, als Erben ausgesorgt oder das große Los gezogen haben.

Besser neureich als nie reich. Die Typen schnippen nur einmal mit dem Finger und schon kriegen sie, was sie wollen. Dass der Beneidete womöglich hartnäckig für Güter und Erfolge schuftete, Familie, Freunde und Freizeit aufs Spiel setzte – und auch mal verlor –, bleibt unbedacht. Eine sachliche Kosten-Nutzen-Rechnung erwägt der Missgünstige selten. Er unterliegt seiner subjektiven Wahrnehmung, in der nur vermeintlicher Nutzwert hoch im Kurs steht.

Neid kann bei näherem Betrachten auch zu Mitleid werden. Schon beim Abschlag geht's Norbert Neureich an den Kragen. Statt Köpfchen treffen Muckis die Entscheidung. Sein zauberhaftes Ding lässt ihn doch tatsächlich wieder einmal im Stich. „Miststück", schimpft er lauthals. Die exklusive Wunderwaffe in seiner Hand führt ihn weder zu mehr Präzision noch zu Schlägen bis zum Horizont. Der Arme schluckt. So was macht Außenstehende schadenfroh. Couragiert hält der Bum-bum-Spieler am Superdriver fest, schließlich will er eines Tages seine wahre Weite erfahren. Doch das zieht sich hin. Prügelknaben tun sich schwer. Bevor sie nicht bereit sind, sich mit allen Aspekten auseinander zu setzen, weichen sie in Driver-Fragen häufig auf kurzsichtiges Denken und kaufkräftige Argumente aus.

Emotionen hängen oft von Entscheidungen ab

Neid treibt an. Dank seiner Triebkraft wurde im Laufe der Geschichte vieles segensreich revolutioniert. Ohne Schielen auf andere würden wir wahrscheinlich immer noch mit Lendenschurz und Keule in Höhlen hausen und des Nächsten Feuer, Fisch, Fleisch und Dach überm Kopf begehren. Die reine Existenzsicherung steht in der jetzigen Lebensform nicht mehr im Mittelpunkt. Die Grundbedürfnisse sind in der Regel sichergestellt. Heutzutage tritt Neid subtiler auf. Etwa durch raffinierte Werbung. Geschickt macht sie uns ständig weis, was uns gut tut und was für uns am besten sein soll.

Junge Spieler auf der ganzen Welt schwingen ähnlich. Ihren jeweiligen Superstar imitierend, ziehen sie die gleichen Schläger aus der Tasche, teen den gleichen Ball auf und greifen zum gleichen Energiegetränk. Aber nicht nur die Jungen fallen auf alles, was angeboten wird, herein. Keiner ist ganz frei von suggerierten Gelüsten.

Was ist falsch daran, sich mit dem Kauf eines neuen Produkts ein bisschen stärker, cooler und schöner zu fühlen? Illusion hin, Visionen her. Und zum Glück hören wir nie auf zu träumen. Das Gefühl, auf einer Wolke des Glücks zu schweben, ehrgeizig stimuliert alles in den Griff zu kriegen und zu denken: Jetzt macht das (Golf-)Leben Sinn.

Manche Akteure verkraften es kaum, wenn Typen, von denen sie hinter vorgehaltener Hand wenig halten, Preise einheimsen

Hauruckhacker mag kaum einer. Wer ein Herz für kreatives Golfen hat, wundervoll sanfte Schwünge liebt, den kosten Bolzer und Ballschinder an so manchen Tagen Nerven. Es macht viele rasend, dass Draufgänger Preise einsacken, die ihnen ihrer Meinung nach nicht zustehen. Die Augen leicht zugekniffen, wie zum Schutz gegen das, was jetzt kommen könnte, holt ein Schöngeist in Sachen Schwung am Stammtisch zum verbalen Rundumschlag aus: „Das ist doch zum Haareraufen. Wieder räumt ein vogelwilder Schwinger den Silberknopf ab."

Unzufriedenheit entspringt dem Gefühl, nicht mithalten zu können

Warum bloß gehen kreativ Eingestellte oft unter? Die Stammtischler fangen an, über ihr Golfspiel zu lamentieren – „Wieder viele Chancen verbummelt!" „Kübelweise Pech beim Putten gehabt!" „Keinen richtigen Zug hintern Ball gekriegt!" Alle sind aufgebracht, was sollen sie sonst sein? Auf der Driving Range waren sie noch von ihrem Schwung entzückt. Danach brach er zusammen. Schon wird ihr Stolz brüchig wie ein morscher Steg.

Der Kerl hat gut lachen: Allein die Vorstellung, er spielt weniger und gewinnt mehr, macht viele unzufrieden

Konzentriert prägen sich Kreativkonstante ihr Schwungsystem ein, legen vor jeder Partie akribisch die Koordinaten ihres golferischen Wertekompasses fest. „Wenn es gut läuft, und so lange ist es gar nicht her, dass es gut lief", sagt einer, „fliegt die Kugel wie vorgesehen ins Ziel." Der Kreative macht dem Geist des Golfspiels gern eine Liebeserklärung. Doch wenn dann aus Lust Last wird und der Schwung unter einer Unwucht leidet, verliert seine Schaltzentrale rasch die Orientierung. „Was mir vorher leicht vorkam, fällt mir nun entsetzlich schwer." Mit Sorgenfalten auf der Stirn schlägt, schiebt und treibt der Geplagte jetzt allenfalls seinen Ball vor sich her. „Alles ungewollte Boykott-Schläge", bekennt er offen. Mit jeder missglückten Aktion steigt die Sorge über den Ausgang der nächsten.

Spieler vom kreativen Schlag stehen der Spezies „milde Gemüter" nahe und geben, ans Limit getrieben, wohl allzu oft überstürzt auf. Kämpfern dagegen liegt das Talent zur Ekstase nahe. Für sie ist Golf nicht selten Religion, obwohl das Alte Testament Neid als eine der sieben Todsünden rügt, gleich nach Maßlosigkeit, Habsucht, Zorn, Trägheit und Wolllust. Doch Pathos ist hier fehl am Platz. Für jeden Leidgeprüften kann es die Hölle sein, miterleben zu müssen, wie frech, unbekümmert sowie zielstrebig manche (zu-)schlagen und mit hervorragenden Ergebnissen ins Clubhaus einkehren.

Von jeher haben Golfer natürliche Feinde: Platz, Wetter – und sich selbst. Noch mehr Feinde brauchen wir wirklich nicht beim Ziehen unserer Bahnen. Wer über einen großen Erfahrungsschatz verfügt, hat ausreichend mögliche Lösungen für schwierige Situationen im Kopf, und vor dem Schlag steht bereits fest, wie Kräfte und Können mobilisiert und genutzt werden. Die Reife, auf dem Platz intuitiv das Richtige zu tun, lässt sich kaum schlüssig erklären.

Das Phänomen der intuitiven Intelligenz treffen wir oft auf der Driving Range. Dort verstehen es Pros, aber auch manche Hobbygolfer meisterhaft, Schwachstellen aufzudecken. Theoretisch formulieren sie genau den perfekten Schwungablauf. Geben anderen sogar aufschlussreiche Swingkeys auf den Weg. Zum Beispiel: immer Rückschwung ganz ausführen, Arme vor dem Körper lassen, lange Kniewinkel halten. In der Praxis dagegen spielen theoretisch Beschlagene sehr oft weit entfernt von ihrem Kenntnisstand. Wahrscheinlich ist ihr vieles Wissen sogar hinderlich. Es ist auch nicht nachvollziehbar, wie ein Rookie, ein Neuling auf der Tour, unter sichtlichem Druck seinen Weg findet und ihn konsequent bis zum Sieg geht. Erfolgreich hebt er für seine Konkurrenten eines der ältesten Gesetze im Golf auf: das vom Erfolgsfaktor Erfahrung.

Die Stimmung hängt stark vom Umfeld ab

Hier zu Lande betreibt die Mehrheit der Golfer unsere geliebte Sportart mit bedeutungsvoller Miene. Die Ernsthaftigkeit langjähriger Spieler verleitet manche Anfänger zur Nachahmung. Um in die Golfgemeinschaft aufgenommen zu werden, passen sie sich gleich dem Ernst am Tee und auf dem Green an. Betretenes Schweigen oder beschwichtigendes Trostgerede: „Oh, was für ein Pech ..." oder „nichts will ..." ziehen nicht selten die Stimmung der Gruppe runter. Was soll daran auch witzig sein? Machen verschlagene Bälle und ausgelassene Putts etwa fröhlich?

Blamagen wegstecken will gelernt sein. Sachlich bleiben und die Score-Karte mit dem schlechten Ergebnis verbrennen. Gefahr ist im Verzug, wenn die innere Balance verloren geht. Denn die brauchen wir bei der Bewältigung von Rückschlägen. Schießen die Stresshormone, wachen wir schlagartig auf, werden aktiver und leistungsfähiger.

Unter Druck verstärkt sich die Gedächtnisleistung in Schräglagen, relevante Informationen fallen uns leichter ein. Wir gehen energisch ran. Hinderlich ist nur, wenn wir uns nach der Stressattacke und dem Bewältigungsversuch nicht auf unser normales Maß beruhigen können.

Eine Minderheit umgibt auf der Runde eine Gute-Laune-Aura, bei der man vor Neid erblassen kann. Ja, es gibt wirklich Sportsfreunde, die versprühen unerschütterliche, erfrischende Fröhlichkeit. Eine Macht, der sich selbst hartgesottene Golfer, die in der Regel Grabesstimmung zur Schau tragen, nicht immer verschließen können. So viel Frohnatur steckt einfach an, kocht selbst Leute weich, die sich krampfhaft jedes Lächeln verbeißen. Leider trifft man herzerfrischende Ausstrahlung und Ausgeglichenheit allzu selten an.

Ruhig bleiben, nichts erwarten. Nur sein Golfvermögen ausspielen

Neid im Übermaß ist schädlich. Er blockt und blockiert automatisch. Kürzlich beobachteten wir einen Bekannten, der von einem Extrem ins andere fiel. Früher prügelte er wild auf den Ball, dann wandelte er sich zum Vertreter der Filigrantechnik. Drosch er vorher bis zum Umfallen Übungsbälle, bevorzugt er heute Klasse vor Masse. Er geht schwungsensibel vor. Nach einer Hand voll Bälle hält er inne, stellt sich nach Ausreißern die Frage von Ursache und Wirkung. Auf die neue Taktik kam er erst, als er nach einer Neidattacke in ein tiefes Loch gefallen war. Der Spieler dachte über sich nach und konfrontierte sich mit seinen Unzulänglichkeiten. Er suchte die Fehler nicht bei anderen, sondern bei sich selbst. Der Aufschwung begann.

Sein Plan, seine Kraft für Kreativität, Fitness und Finesse einzusetzen, erweist sich als goldener Mittelweg. Er ist sich der Tatsache bewusst, dass es auch künftig Risse im Spielverlauf geben wird. Zerlegte es ihn früher nach einer Reihe von Patzern, frustet ihn das heute nicht mehr lange. Er hat begriffen, je schneller er was wegsteckt, desto überlegener läuft alles gleich wieder. Und er sagt: „Wäre ich doch nur von Anfang an ein bisschen entspannter mit mir umgegangen. Ich hätte mir viel Stress erspart."

Wer ständig verliert, wird aggressiv und dann passiv. Bei manchen führt es bis zum ganz nachlassenden Interesse. Wem das passiert, kann keiner vorhersehen

Bescheidenheit macht frei von Neid

„Ich hab so viel zu tun!" Nebenbei-Golfer weilen meist mit ihren Gedanken bei was Wichtigerem. Stillstand und Langeweile sind ihnen ein Gräuel. Sie strotzen vor Energie, deshalb betreiben sie oft mehrere zeitraubende Sportarten. Nichts Verwerfliches, doch mit ihrem Wechselfieber geraten sie nie ganz nah ans Golf. Das Glucksen vor Glück über schwierige Schläge „tot" an den Stock oder versenkte, eigentlich widerwillige Putts bleibt ihnen versagt.

Wie im Leben geht es auch im Golf ständig rund. Nichts klappt ruck, zuck, Entwicklungen vollziehen sich eher schleichend. Ständig müssen Mut und Entschlossenheit signalisiert werden. Was übermorgen passiert, kann niemand mit Gewissheit sagen. Wir entwerfen keine Szenarien für die Zukunft. Wir orientieren uns am Heute. Sicherheit gibt es eh nirgends. Wir wissen: Jeder gelochte Birdie-Putt kann der Auftakt für die nächste Bogey-Serie sein. „Du musst immer mit allem rechnen."

Der Neid ist eine sehr schöpferische Kraft:
Er stachelt an zu Fleiß, Beharrlichkeit und großen Taten

Friedrich Nietzsche

Stichwort

Raus aus der Neidfalle

Nur kein Neid?

Nagt der Neidwurm permanent, kommt kein Mensch dazu, das zu genießen, was er eigentlich draufhat. Wer etwas mentale Disziplin aufbringt und sich die Zusammenhänge ständig deutlich macht, dem vermiesen vergiftete Neidgefühle keine Abende mehr bei der Siegerehrung.

Neidanflüge nie von vornherein verteufeln und verleugnen

- Keine Sekunde an destruktive Neidgefühle verschwenden, die das Selbstvertrauen untergraben
- Keinen fremden Ansprüchen genügen wollen
- Unzufriedenheit entspringt dem Gefühl, nicht mithalten zu können
- Ballonfahrer werfen Ballast über Bord, wenn sie nach oben wollen
- Ausreden können nach Schlappen manchmal nützlich sein. Es hilft, aufs schlechte Wetter zu schimpfen oder den Ausgang der unbefriedigt verlaufenen Runde aufs Material, zum Beispiel verkehrter Putter für vorgefundene Grüns, zu schieben
- Sich bei bösen Neidgedanken einbläuen: Jede Krise setzt Kräfte frei
- Sich ruhig im positiven Sinne provozieren, motivieren, mobilisieren lassen, um es morgen besser zu machen

Leider zu viel Neider?

- Auch in der Stunde des Triumphs Bodenhaftung bewahren
- Vor dem Höhenflug an den kürzesten Golfwitz denken – Ich kann's! – und über sich schmunzeln
- Häufig hilft auch die Einstellung: Nicht das Ich, das unbewusste Es hat die Macht, persönliche Grenzen zu sprengen
- Weiter mit ganzer Hingabe seinem Freizeitvergnügen verbunden bleiben: „Je weniger du musst, desto mehr kannst du"

Stichelei unter Freunden: Du hast ein blendendes kurzes Spiel, blöderweise fängst du damit schon am Abschlag an. Gut oder Böse – alles Nervensache am Rande des Abgrunds

Aphrodite Hills Golf bei Paphos, Zypern

Miese Spielchen

Jeden Golfer hat es schon mal erwischt. Fast jeder kann eine frustrierende Geschichte erzählen, bei der ihm Stimmungskiller und Reizfiguren auf den Geist gingen. Gewähren lassen? Zurückschlagen? Abwenden? Aufgeben? Vergeben? Vergessen? Vergiss es!

Kurzum! Es herrscht ein schlechtes Flight-Klima. Ein Mitspieler, der zurückliegt, bringt das Blut des Führenden in Wallung. Scheinheilig lobt der Kontrahent den stark Aufspielenden. „Heute sind Ihre Drives enorm präzise!" Prompt versemmelt der Gelobte den nächsten Schlag ins Aus. Wollte er zeigen, dass er jederzeit in der Lage ist, noch was draufzulegen? Oder raubte der Spruch die Konzentration? Das Irritationsmanöver war gelungen.

Moment. „Das ist ganz normal" oder „So was erlebt doch jeder mal". Beim Golf neigen manche zu verallgemeinernden Formeln. Oftmals werden Bemerkungen unbedacht kundgetan. Nicht jede muss boshaft ausgelegt werden, doch oft steckt psychologische Kriegsführung dahinter. Mitspielern während der Ballansprache was vor den Kopf knallen, will gezielt verwirren, verärgern, ebenso wie der straffreie Spruch kurz vor dem Schlag: „Atmen Sie eigentlich im Schwung mehr aus oder mehr ein?" Luft anhalten. Verträumt latscht einer zum zweiten Mal über die Puttlinie. Dem betroffenen Spieler kontert der Blindfisch barsch: „Nehmen Sie sich nicht so wichtig, wir spielen hier nicht die Open." Vorher fragte der Fiesling fordernd: „Kann die Fahne raus?" Folgte ein „ja, bitte schön", war das Grund genug, die Fahne auf der verlängerten Puttlinie, knapp hinterm Loch quer hinzulegen. Garantiert bleibt der Putt zu kurz. Wer will sich schon die Blöße geben, den Pin, wie Golfer sagen, selbst noch einmal weiter weg zu legen. Zumal der nachfolgende Flight schon in Wartestellung ist. Statt eines beherzten Putts folgt nun einer mit gebremstem Schaum. Verflixt!

Locker sein, wenn's wieder scheppert

Beim nächsten Abschlag fummelt der Unhold scheinbar achtlos am Golfbag rum und kruscht unüberhörbar mit beiden Händen in den Hosentaschen nach Tees zwischen zahlreichen klirrenden Münzen. Seine Probeschwünge praktiziert der Anzügliche im Blickwinkel des Spielers, der an der Reihe ist. Manche ziehen alle Register, um Gegner durch unfeines Benehmen aus dem Rhythmus zu bringen, zu reizen oder zu provozieren. Die Engländer nennen die Unsitte „gamesmanship". Zuweilen steigert sich Unwesentliches ins Unsägliche. Im Eifer des Gefechts wird Ironie oft zur persönlichen Beleidigung. Alles kein Desaster, aber schon ein Zwischenruf wie „Sensibelchen" genügt, unliebsame Konkurrenten endgültig aus dem Konzept zu bringen. Wiederkehrend grenzt das an primitive Pöbelei.

Kein Bewegen, Husten, Pfeifen, Räuspern, Summen. Und auch kein Putter fällt – rein zufällig – vor dem Einlochen des Mitbewerbers zu Boden. Mustergültig steht der Mitstreiter am Grünrand

Stopp! Ein sündhaft teurer Schläger zischt durch die Luft, prallt aufs Millimeter genau gemähte Gras, springt noch zwei- bis dreimal die Spielbahn entlang. Das sorgt für Aufregung in der Gruppe. Es macht einen ungestümen Gesellen rasend, wenn sein Ball ausbüxt. Der Wüstling unter den Golfern spielt nach dem Prinzip: erst handeln und dann nachdenken. Ein verschlagener Ball ist für ihn stets Grund genug, wie angestochen rumzulaufen. Ob der mit seiner Nummer „Wilde Sau" noch frei ist?

O Schreck, auch sein zweiter Ball ist weg. Der bis dahin glänzende Score liegt in Schutt und Asche. Hält sich der Spieler im Zaum? Keineswegs. Sonst als liebevoller Familienmensch und geachteter Geschäftsmann bekannt, mutiert er auf dem Rasen zum Rambo. Später im Clubhaus entschuldigt er sich für seine Aufführung. „Im Spiel bin ich wohl ein anderer Mensch." Kraftmeierei und Kurzschlusshandlungen findet er menschlich. „Ich bin nun mal kein Stromlinienförmiger. Was raus muss, muss raus." Lieber das Herz auf der Zunge als Geschwüre im Magen?

Handy abschalten auf dem Platz! Dauernd erreichbar zu sein lenkt ab

Kalte Wut grassiert. Auf die Idee, dass der Spielwütige mit seinem Ausflippen und seiner Missmut-Visage die Schmerzgrenze überschritten hat, seinen Mitspielern den Tag verdorben hat, kommt er gar nicht. Alles halb so schlimm? Andere Spielgenossen hassen ihn für die Missachtung der Golfetikette. Etikette legen überhaupt viele als Kür aus, Regeln dagegen sind Gesetz: Vom Enkel bis zum Opa findet der Wunsch nach ständiger Erreichbarkeit im Handy höchste Erfüllung. Selbst in eindrucksvoller Kulisse allzeit plauschbereit zu sein ist der Kick. Wehe, ein Anruf wird verpasst. Klingelzeichen kommen allerdings auf zahlreichen Golfkursen gar nicht mehr gut an. „No Handys"-Verbotsschilder weisen deutlich darauf hin. Strafschläge, außer bei erheblicher Spielverzögerung, bleiben Vieltelefonierern bisher erspart. Ständig störendes Bimmeln und Dudeln ist jedoch eine Plage und ein Signal mangelnden Respekts.

Nebensächlichkeiten lenken ab. Viele Golfer sind erst einmal geschockt, nicht mehr in der Lage, souverän zu denken. Hinzu kommen Wut und Scham, Spielverderbern auf den Leim gegangen zu sein

Was sind das für paradoxe Naturgesetze, die einen nicht autonom entscheiden und handeln lassen. Warum können andere in gleichen Situationen Regie führen? Dass wir nicht ständig Herr unseres Willens sind, verstört uns. Die Frage „Wie frei ist unser Wille wirklich?" bewegt Philosophen und führt sie mitunter auf geheimnisvolle Pfade. Hirnforscher haben da mehr in der Hand. Für sie ist das menschliche Gehirn ein Organ, das nach Regeln der Chemie und Physik arbeitet. Sie kommen ohne Umschweife zu dem Schluss: Der Wille ist determiniert, ein freier Wille ist Illusion.

Glaubenssätze haben es in sich. Klingt spirituell, ist aber zweifellos einen Versuch wert. „Mein Ball schießt im idealen Bogen zum gedachten Ziel", suggeriert sich der gestandene Schütze. Er will eine positive, fantasievolle Verbindung zum Handeln herstellen. Vorher befreit er seinen Kopf von allen grauslichen Gedanken. Wägt Gefahrenzonen gegeneinander ab und bewertet alles im Rahmen vorhandener Möglichkeiten. Seinen Willen betrachtet er als Muskel, der ständig trainiert werden muss, um nicht zu erschlaffen.

Handlungsleitender Wille ist eng mit Abhängigkeiten und Bedingungen verknüpft. Wie schwach der Wille zum Beispiel bei guten Vorsätzen ist, fällt immer auf, wenn Bilanz gezogen wird. Knallhart betrachtet stellt man wieder mal fest: Der erwartete Erfolg blieb aus, zu unrealistisch waren die Ziele gesetzt. Zu viel Wille in Gestalt der Selbstüberschätzung trägt in vielen Fällen zum Scheitern bei.

Bloß nicht mit Nervensägen streiten

Das kann nicht sein. Der Verdrängungsmechanismus arbeitet schon. Ohne den würde mancher, auch wenn sich das Schicksal extrem unfair gegen ihn gewandt hat, zu Grunde gehen. Lebensbejahend, respekt- und rücksichtsvoll sich selbst und anderen gegenüber auftreten, auch wenn wir mit den Jahren manches weniger oberflächlich, strenger und härter austragen. Doch das Perfide ist, lässt man einen als unangenehm empfundenen Flight Revue passieren, bleiben bestimmte Schläge, Situationen und Spieler haften, die fürs Wohlbefinden lieber ausgelöscht sein sollten. Obwohl wir oft sofort aussprechen, was uns stört, schleppen wir einiges mit. Wie den aufgeblasenen Schlaumeier, der es schafft, innerhalb kurzer Zeit penetrant zu nerven und sich ins Gedächtnis einzugraben. Mit Argusaugen überwacht er jeden Schritt. Keiner ist vor ihm sicher. Mit seinen Einwänden wie „Sie wissen schon, im Rough darf sich der Ball beim Ansprechen nicht bewegen" verbreitet er Missstimmung. Statt ihm die kalte Schulter zu zeigen, bricht bei Krisengeschüttelten schnell das Kontrollsystem zusammen. Gegen ihre grundsätzliche Haltung und Du-bist-mir-egal-Überzeugung legen sie sich mit dem Antitypen an. In der Regel mit dem Ergebnis: Die Runde ist gelaufen.

Reizfiguren können sich ändern. Wer das abwarten kann, reagiert weniger hitzig, wenn sie uns nass machen wollen. Hier folgen Trockenübungen

Nervensägen verarbeitet nicht jeder gleich gut. Der eine leidet besonders, der andere klagt kaum, den nächsten lässt alles ganz kalt. „Na und, was soll's?", sagt ein Freund immer, wenn's brenzlig wird. Zuerst Abstand gewinnen. Ob der Streit um Strafschläge geht, sich einer laufend verzählt oder ständig rummosert: Der Stresspegel schlägt aus wie bei Ball im Busch oder tief im Teich. Jetzt bloß nicht alles hinschmeißen. Sich nach Nackenschlägen wie Rückschlägen selbstbewusst verhalten. Besonders bei eigenen gravierenden (Schwung-)Fehlern nie gleich auf dem Platz alles analysieren. Sonst verheddert man sich gemein beim nächsten Schlag. Kopf und Körper scheinen nicht mehr miteinander zu können. Das stößt sauer auf. Da wird man schnell wütend, fühlt sich zurückgestoßen, gar vom Schicksal betrogen.

Doch jeder kann selbst bestimmen, über was er sich aufregt. „Frauen nehmen sich alles viel mehr zu Herzen. Werden leichter Beute blöder Anspielungen." Der Mann, der das sagt, kennt unsere Damen im Club schlecht. „Wenn Männer miese Tricks draufhaben, waschen wir ihnen den Kopf, dass die nicht mehr wissen, wo oben und unten ist", kontert eine feine Dame kühl. Frau flippt bei Frust weniger brutal aus wie Mann. Männer neigen eher dazu, blind um sich zu schlagen. Doch auch sie können Konflikte nicht per Faustschlag oder Fußtritt lösen.

Selbstvernichtendem Hass den Garaus machen

Packen wir das Übel bei der Wurzel. Fehler sind normal. Wir können sie verstärken und wir können sie abmildern. Bei allen Ungerechtigkeiten, Ungereimtheiten und aller Unfairness – nie die Verhältnismäßigkeit aus den Augen verlieren. Auf Dauer geht das nicht gut. Blind vor Wut handeln viele völlig unangemessen. Wird jemand in die Enge getrieben, springt er oder sie einen an. Je besser aber alle Beteiligten zwischen beabsichtigter und unbeabsichtigter Handlung unterscheiden lernen, desto einfacher ist es, Missgeschicke einzuschätzen und einvernehmlich als Irrtum abzuhaken. Wenn sich zwei nicht leiden mögen, aber dennoch respektvoll miteinander umgehen, treiben sie sich nicht selten zu sportlichen Höchstleistungen. Auch wenn Außenstehende ihr Verhältnis trotz Backofenhitze auf dem Platz unter dem Gefrierpunkt ansiedeln. Golferfahrene wählen anfangs geschickt und sorgfältig ihre Worte, um nicht durch nassforsche Äußerungen, respektlose Eitelkeiten und andere Auffälligkeiten bereits im Vorfeld als Rivale im Flight wahrgenommen zu werden.

Schmollen nützt nichts, berechtigte Proteste müssen raus

Nachdem wir alle auf den gleichen Wortschatz zurückgreifen, dürfte es eigentlich kaum schwer fallen, nicht übereinander, sondern miteinander zu reden. Doch viele halten stur an ihren Vorurteilen fest, obwohl wir oft das Gleiche sagen, aber wohl noch lange nicht meinen. In vielen Flights existiert ein tief greifendes Kommunikationsproblem. Schließlich missverstehen wir schon viel, bevor der andere überhaupt den Mund aufmacht. Fallen dann noch Stimme, Gesten und Wortlaut für uns befremdend, ja dümmlich aus, werden wir in unserer Einschätzung nicht nur bestätigt, sie wird gar übertroffen. „Wunderbares Wetter, viele Leute heute ...“ Artigkeiten dieser Art klingen nett und unverbindlich. Doch Vorsicht: Auch Typ Plaudertäschchen oder Lobhudler lenkt häufig erfolgreich vom Spiel ab. Dazu gehören allerdings immer zwei. Wer mit Respekt und Achtung Andersartigkeit akzeptiert, kann leichter Feindbilder abbauen. Unangenehme Personen und befremdliche Situationen, schlagen dann weniger auf den Magen. Trotzdem machen wir es uns nicht einfach. Berechtigte Proteste lassen wir raus. Unausgetragener Konfliktstoff hängt erfahrungsgemäß viel zu lange in den Klamotten.

Also stolz und aufrecht bleiben. Den betroffenen Gesichtsausdruck ablegen. Haltung bewahren. Nach vorn schauen, auch wenn der Hals über den Ärger, gemeine und verrückte Tricks noch so anschwillt – Mensch, ärgere dich nicht!

Denn ich bin ein Mensch, und das heißt ein Kämpfer sein

Johann Wolfgang von Goethe

Stichwort

Miese Spielchen

Es ist gut, Dirty Tricks zu kennen

Nur über unverschämte Charaktere, Verlotterung der Golfetikette und verwirrende Tricks zu klagen liegt uns fern. Zumal die überwältigende Anzahl der Runden in verträglicher, friedfertiger und selbstverständlich sportlicher Atmosphäre verläuft. Doch es ist gut zu wissen, was in „heißen Flights" an Rangeleien abgehen kann und welche Psychomaschen laufen. Alles Nervensache!

Schräge Sprüche vom Bösewicht

- „Wir kennen uns doch?" Ach nein. „Doch, doch, ganz bestimmt! Nur woher?"
- „Schönes Hemd tragen Sie, es steht Ihnen von Jahr zu Jahr besser"
- „Stecken wirklich nur 14 Schläger in Ihrem Bag?" (Schaut in die Golftasche)
- „Schönes Teil. Gell, mit der Bratpfanne kann keiner mehr danebenhauen"
- „Mein Gott, Sie liegen schon so gut, haben Sie heute ein Glück. Ich bin gespannt, wie lange das noch anhält"
- „Welchen Schläger nehmen Sie immer an dem Loch?" (Antwortet der Spieler, erhält er Strafschläge. Im Lochwettspiel: Lochverlust)
- „Unser Pro hat hier das letzte Mal den Ball nach links ins Aus gehauen" (Rechts lauern weit ausschweifende Sandbunker)
- „Sind Sie sicher, dass Sie näher zum Loch liegen?"
- „Erinnern Sie sich noch daran, wie Sie den letzten Putt am Loch mit einem Pull links vorbeigeschoben haben?"
- „Schade, dass Sie bisher so viele Putts rechts rausgepusht haben"
- „Mit dem Monsterputter kann keiner mehr vorbeischieben" (Nach glücklich gelochtem, langem Putt)
- „Sie sind so sicher beim Putten, wie machen Sie das bloß?" (Nach ganz kurzem Tip-in-Putt)
- Fahnenstock ohne nachzufragen, ob Service von entfernter gelegenen Mitspielern erwünscht wird, auf den Boden krachen lassen
- „Wie viel möchten Sie, dass ich für Sie notiere?" Das wirkt auch bei häufigen Verzählern

Pssst, da läuft was!

Strahlende Serien oder Glückssträhnen haben oft das gleiche Muster: Der gesunde Menschenverstand verabschiedet sich. Durch Übertreibungsphasen ist jeder schon einmal gegangen. Doch die Blase platzt spektakulär, wenn zu viel gewollt, zu hoch gezockt und gar gemogelt wird

Natürlich wird schöne Stimmung während des Spiels von unsympathischen Menschen gestört, die nicht existieren können, ohne zu reden. Schlagartig ist sie da, die Zornesfalte. Ein Spieler beschimpft sich in angespannter Phase laut, jeder soll hören, wenn die Spielräume enger werden und er einen Ball verzieht: „Was haust du drauf wie ein verdammter Depp?" Jetzt scheint es ratsam, nichts zu sagen. Mit stierem Blick und zittriger Hand teet er einen provisorischen Ball auf und donnert ihn ins Rough. Rasend, mit klappernden Schlägern stapft er weit voraus. Nach vier Minuten kreuz und quer suchen schreit der provokante Stimmungsmacher laut: „Ich hab meinen ersten Ball gefunden." Wahrhaftig? Ich hätte schwören können, der Ball liegt im hohen Gras, weiter zurück. Mir geht es genauso, denkt der Dritte im Bunde. Doch von vorschnellen Äußerungen hält er nichts. Sie können leicht Unheil anrichten. Wir warten noch ein bisschen, bevor wir den Verdacht aussprechen: „Haben Sie einen Ball fallen lassen?"

Wir kennen den Schummler nicht, keine Ahnung, was er arbeitet und wie er lebt. Aber schon als wir ihn sahen, stellten sich unsere Nackenhaare auf. Sieht er nicht aus wie ein wild gewordener Berserker? Unerklärlicherweise, obwohl wir es wegen der guten Erziehung unterdrückten, klang unser „Hallo, mein Name ist ...", selbst für uns befrem-

Wer suchet, der findet? Trickser nehmen den Bibelspruch wörtlich, spielen Schicksal, lassen gern mal einen Ball fallen

Bad Neuenahr-Ahrweiler in der Nähe von Köln

dend bissig. Erstaunlich, wie wenig rational wir mitunter urteilen, wenn Widerwille da ist. Es gibt keinen vernünftigen Grund für die Abwehrhaltung. Umgekehrt ist es genauso möglich: Jemand liegt uns auf den ersten Blick, schon die Stimme klingt sympathisch und wir fühlen uns nach ein paar Worten zu der Person hingezogen.

„Was wollen Sie denn? Wo Sie den Ball vermuten, liegt doch gar keiner", versucht der Beschuldigte mit einer Stimme, die weniger scharf klingt, das Missverständnis zurechtzurücken, um weiterhin für gut Wetter im Flight zu sorgen. Doch so eine Unterstellung kann auch kippen und zu einem Donnerwetter führen. Neigt nämlich der Verdächtigte zu Überreaktionen, kracht es gewaltig. Er will nichts einfach runterschlucken. „Mein Bauch", sagt er, „hat keine Enzyme, die Wut zu verdauen, also schlägt mir das auf den Magen." So viel explosiver Stoff drückt die Stimmung. Doch bevor wir alle krank werden, benutzen wir den Kopf, zügeln den Zorn, denken nach. Bin ich wirklich sicher? Falls ja? Wie formuliere ich jetzt ruhig meinen Eindruck. Selbstverständlich stelle ich mir auch die Frage: Ist die heikle Sache es überhaupt wert, diskutiert zu werden? Lohnt sich das Ganze? Was bewirken wir am Ende?

Hinter einer Lüge steht immer die Absicht, andere zu täuschen

„Mich erwischt ihr schon nicht!" Die Gefahr, beim Mogeln ertappt zu werden, hält ein Lügenbaron für gering. Er wiegt sich in Sicherheit. Er wundert sich, wie selten er im Grunde beim Falschspielen ertappt wird. Wittert dennoch jemand Schummelei, protestiert der Schwindler vehement. Doch hinter vorgehaltener Hand gesteht er: „Meine Bereitschaft, mich anzustrengen, ist deshalb reduziert." Selbstverständlich hält er falsches Spiel und die damit einhergehenden Täuschungsmanöver für wenig schwer wiegend. Sich zu zügeln oder gar bereuen kommt so im Nachhinein auch überhaupt nicht in Betracht.

„Wenn mir einer sagt, der Drop geht da oder dort nicht, ist das für mich Anreiz zu zeigen, dass es doch geht." Der penetrante Rechthaber fällt hinten runter. Doch jeder Knacks muss erst verdaut werden. „Nicht so schlimm, da musst du dich eben durchschlagen ", ist Quatsch und ein schwacher Trost, der die Treffsicherheit für die nächsten Schläge nicht gerade erhöht. Ziemlich frustriert geht es meist weiter. Pauschale Angriffe auf Mitspieler lösen keine Regelprobleme. Egal auf welcher Seite man steht.

Niemand mauschelt. Aber jeder kennt Schummler und Schwindler. Die Sorge um den guten Ruf hält viele nach einem Fehlschlag ab, hinter dem Rücken der anderen einen neuen Ball ins Spiel zu bringen. Genauer gesagt, aus der Hosentasche oder Golftasche zu ziehen und einfach fallen zu lassen. Jeder Golfer muss für sich Prioritäten setzen, die die eigenen Werte widerspiegeln, aber auch die Interessen anderer berücksichtigen. Wenn bei einem Spieler der Trieb, um jeden Preis zu gewinnen, an oberster Stelle steht, schließt das eine Handlungsalternative von vornherein aus. Ob es das ungeheure Bedürfnis nach Bewunderung oder die wahnsinnige Angst vorm Versagen ist, schummeln ziehen wir erst überhaupt nicht in Erwägung.

Fast immer ist Eitelkeit die Triebfeder fürs Schummeln

Das Dilemma verringert sich, wenn man den Mauschlern das Mauscheln nicht zu leicht macht. Geht was gegen die eigenen Werte, entscheidet man sich für Strafschlag und Ball nachspielen. Verdächtigungen lassen sich relativ leicht ausschließen, wenn man ein paar simple Gebote befolgt. Vor jedem ersten Abschlag Ballmarke, Nummer und Markierung laut kundtun. Besonders beim provisorischen Ball. In heikler Lage: Ball nach Ankündigung identifizieren. Macht man das selbst und der nächste Schlag gelingt meisterhaft, keimt gleich der Verdacht auf, den Ball etwas besser gelegt zu haben. Im Hindernis oder im Sandbunker darf kein Ball angefasst werden. Wird bekanntermaßen „ein falscher Ball“ gespielt, kommt der Schütze laut Regelwerk ohne Strafschlag davon.

Vor jedem Drop Zähler fragen: „Ist das hier okay?“ Im Streitfall nicht lange rumtun. Zum Beispiel sagen: „Wir wünschen uns klare Regeln. Im Moment interpretieren wir offensichtlich unterschiedlich.“ Zwei Bälle, einen nach seiner Ansicht, den anderen nach eigenem Ermessen, bis ans Ende des Lochs spielen. Beide Scores notieren, den Sachverhalt der Wettspielleitung vortragen und ruhig gespannt sein, wie sie es löst. Angst vor den Regeln und Unwissenheit blockieren. Erst die Einstellung: Ich kenne die Regeln, mein Kopf ist frei, lässt die Konzentration aufs Wesentliche zu und alles nimmt wieder schnell und ohne Emotionen seinen gewünschten Lauf.

Wenn die Regelauslegung Konflikte bringt: zweiten Ball spielen und Wettspielleitung entscheiden lassen

Nur nichts durchgehen lassen. Knallhart jeden Regelbruch verpetzen. Wer es sich verkneift, Mogler anzusprechen, die sich unbeobachtet fühlten, aber zufällig beim Bescheißen erwischt wurden, handelt feig. Diese Inkonsequenz beschäftigt den stillen Zeugen oft noch lange. Und der „Täter", dem das wohl auch nicht verborgen blieb, geht noch dreister vor. Viele, die schweigen, fürchten sich vor aggressiven Auseinandersetzungen und sehen nach dem Regelbruch beunruhigt weg. Häufig verfügt der Betrüger über Körpersprache und Mimik, die seine wahre emotionale Verfassung nicht zeigt. Auch an der sprichwörtlichen Nasenspitze sieht man ihm nichts an. Selbst die Stimme klingt weder nervös noch aufgekratzt. Furchtbar: Alles bleibt verfranst.

Zu guter Letzt profitiert der Pfuscher vom Wegsehen. Ehrlich zu sein ist hart. Sich durch fremdes Regelvergehen den Preis stehlen zu lassen, das geht jedem, der sich ehrlich verhält, gegen den Strich. Das macht keinen Sinn. Einschneidendes Fehlverhalten verlangt nach Wortmeldung. „Gebe ich klein bei, wurmt mich das Gefühl den Rest meines Lebens", sagt einer, der ruhig den Mund aufmacht. Dem Schwindler schonungslos die Stirn bieten lautet seine Devise. Hinterher hat der wahrheitsliebende Golfer ein wirklich tolles Gefühl.

Fasziniert vom Zockerflair rutschen Golfer mitunter in schmachvolle Situationen, in denen sie Dinge tun, die sie nicht wirklich tun wollen

Gewöhnlich räumen sie mit geschontem Handicap ab. Auf den ersten Blick leuchtet das ein, doch die Scharlatane unter den Zockern, die um jeden Preis gewinnen wollen und eine höhere (geschonte) Spielvorgabe angeben als das Maß ihrer wahren Spielstärke, werden schnell einsam im Club. Mit ihrer verlogenen Einstellung treiben sie sich zu

Recht in die Isolation. Hier integrieren Wettspiele nicht, sondern grenzen mit der Zeit aus. Und allzu fett dürfte das Sparschwein nach der Saison auch nicht geworden sein. Deshalb zocken wir immer nur entspannt, bauen mit fairen Spielpartnern nur auf kleine Gewinne.

Beim Zocken haben Gefühle Schweigepflicht

Ewig angespannt, nervös und schnell aufgebracht. Er hat, wie der abgebrühte Gambler gern sagt, seine Gefühle immer fest an der Kandare. Ununterbrochen. Er kann einfach nicht anders. Seine Stimme klingt gepresst, klagend. Er sagt viel auf dem Grün: „Ach ja, vor kurzem wurde ja auf pfeilschnell gemäht“ oder „das kann doch gar nicht sein!“, schlägt einen Haken und tigert unruhig zum nächsten Abschlag. Ein umtriebiger Zocker ist ein Mensch, der aus dem Alltag ein Spiel macht. Seine Nervosität ist ständig präsent, er kennt in seinem Leben nur zwei Möglichkeiten: gewinnen oder verlieren.

Zocker sind Stimmungsmacher. Mitunter fördern sie das fröhliche Miteinander. Wenn sie mit Wettfreunden nach der Runde essen gehen, ziehen sie am Ende einen Schein aus ihrem Notenbündel. „Gerade oder ungerade?“ Wer die erste Zahl auf der Banknote richtig getippt hat ist draußen, braucht nichts zu zahlen. Zocker treibt scheinbar ewig die Lust, das Schicksal und das Glück zu bezwingen. Mit ihnen zu reisen strengt weniger Wettfreudige ungemein an. Kaum im Flugzeug Platz genommen, werden Spielkarten auf das kleine Tischlein gelegt. Man kann mit Spielertypen auch nicht einfach am Strand joggen, weil sie schon nach den ersten Schritten eine Wette anbieten müssen: „Wie viele Spaziergänger kommen uns bis zum Ende des Laufs entgegen?“ Wer mit seiner getippten Zahl am nächsten dran ist, hat den vorher vereinbarten Einsatz gewonnen. Selbstverständlich können ausgeschlafene Zocker auch nicht einfach die reizvolle Landschaft genießen, mal in stiller Andacht verharren, sondern müssen sofort eine neue Wette aus dem Hut ziehen. „Ich setze darauf, dass du mit dem nächsten Schlag das Grün nicht triffst.“ Spätestens jetzt meckern manche in der Gruppe. Sind es leid, dass jegliche Gesprächskultur vom unstillbaren Hunger, Wettangebote und Quote durchzusetzen, verdrängt werden soll. Von wegen, Zocken auf der Runde macht nur Spaß.

Schon am Abschlag schlägt der Puls heftig, die Rückenmuskeln verspannen sich und mit jedem Schritt näher zum Grün läuft ein Schauer über die sonnengegerbte Haut des alten Haudegens. Angelangt kriegt er beim Einlochen das große Zittern

Angstreflexe lenken ab. Plötzlich klappen die leichtesten Putts aus kürzester Entfernung nicht mehr. Das Schlimmste, was einem Golfer und verhältnismäßig oft Zockern passieren kann, ist eingetreten. Der Umgang mit dem Putter setzt den Körper in Aufruhr und zermürbt den Kopf. Nach geglücktem Schuss aufs Grün fürchtet der Geplagte die eigentlich viel einfacheren Schläge zum Einlochen. Vor allem bei den verflixten ganz Kurzen überfällt ihn immer öfter die heimtückische und rätselhafte Golferkrankheit Yips. Sie hat nichts mit der schweren Parkinson-Erkrankung zu tun, bei der sich das Leiden durch typisches Zittern zeigt. Um die ungewollten Zuckungen vor dem finalen Schlag zu umgehen, wechseln viele Betroffene zu dubiosen neuen Cross-Handed-Grips oder gar zu neuem Gerät wie Bauch- und Besenstilputtern. Beim Chippen klappt es ebenfalls kaum, Hand und Handgelenk bis hin zum Unterarm ruhig zu halten. Motorische Schwierigkeiten üben einen für schier unmöglich gehaltenen Einfluss aus. Das Spiel vor und auf dem Grün wird zur Zitterpartie.

Permanenter Stress kann zu Blockaden führen

Bei lang anhaltender, totaler Verkrampfung liegen vielfältige psychologische Ursachen vor. Fachleute sprechen von Freezing, einer exzessiven Abwandlung des Chokings. Um das abzuschütteln, wird enorm viel versucht. Vorstadt-Schamanen und spirituell angehauchte, selbst ernannte Gurus aus dem Pro-Lager bieten mitunter windige Hilfe an. Besonders Geschäftstüchtige mit Money-Back-Garantie. Ein Marketinggag, der manch Betroffenen mitreißt. Im Grunde jedoch leeren sie alle nur das Portmonee, selten heilen sie das große Zittern oder Einfrieren vor dem Einlochen.

Die Schmerzgrenze ist überschritten. Langsam wächst die Erkenntnis, dass es so nicht weitergehen kann. „Ich bin für viele tausend Dollar zu einem berühmten Pro nach Florida gegangen. Dort zeigten mir seine Hilfskräfte geläufige Schlagtechnikübungen gegen meine Zitterhände." Seine Handgelenke sollte dieser Yips-Gequälte mehr als bisher abwinkeln. Ausgerechnet wenn er verheißungsvolle „Fortschritte" vorführen sollte, meldete sich das Leiden zurück. Danach betretenes Schweigen vor versammelter Mannschaft. „Todtraurig flog ich wieder nach Hause, nichts hat sich gebessert", erzählt der jahrelang Geschundene, bei dem bisher nichts angeschlagen hat.

Stark in der Schwäche. „Vom Wirrwarr der Methoden blieb eine übrig." Was war anders? „Ihr Ansatz war wissenschaftlich. Sie gingen davon aus, dass es sich bei Yips um eine tätigkeitsspezifische Dystonie handelt, bei der geholfen werden kann. Positive Beispiele vom Schreibkrampf oder Musikerkrampf zeigen, dass es relativ rasch in den Griff zu bekommen ist." Die Forscher verpassten unserem Golffreund Elektroden und stellten fest, dass sein Yips von der rechten Hand ausbricht. Daraufhin verordneten sie ihm Übungen mit der rechten Hand. Die empfand der Patient: „eigentlich widerlich". „Aber schon nach zwei Stunden schwört er: „Mein Yips war weg." Doch schon am nächsten Tag meldete es sich zurück. Erst nach ungefähr einem halben Jahr Behandlungszeit, also gezwungenermaßen viel Training mit der rechten Hand, hinterließen die Umstellungen auf dem Grün positive Spuren.

Dem Yips beugen und beugten sich viele. Vor Jahrzehnten lagen die „Heilungschancen" bei null. Großartige Golfer, auch Mayor-Sieger, gaben sich geschlagen. Sie schafften es nicht, die Krise, die sie plagte, einfach „wegzudenken", und beendeten ihre Karriere.

Disziplin und Beharrlichkeit helfen oft gegen Formschwäche

Heute bekommen erfreulicherweise immer mehr Leid tragende Golfspieler ihren Yips in den Griff. Moderner Psychologie, neuartigen Puttermodellen und alter Pendeltechnik sei Dank. Auf rasanten wie langsamen Grüns überfällt Yips selten Jugendliche und Gelegenheitsgolfer. Frauen, egal welchen Jahrgangs, bleiben wohl ungeschoren von üblen Zittereinlagen. Getroffen haben wir jedenfalls keine. Bisher konnten auch Wissenschaftler die Auslöser fürs schlagartige Muskelzucken nicht vernünftig erklären.

Nicht alle Folgen der Zockerei enden mit Nervenflattern. Solange vor dem ersten Schlag die Chancen gleich verteilt liegen, können einem Wettspiel durchaus starke Seiten abgewonnen werden

Ehrlich währt am längsten. Es gibt Gamblergruppen, die fair miteinander umgehen. Eine generelle Haltung des Misstrauens würde sicher das Gruppenspiel sprengen. Ihr Geheimnis: Sie gehen aufreibenden Regelauslegungen aus dem Weg, verfahren eisern nach dem Gesetz: „Ball wird gespielt, wie er liegt. Aus, Ende, Amen." Ohne Häme kommen sie miteinander zurecht, dulden keine Streithähne, Schummler sowie Handicap-Schoner und drehen über viele Jahre regelmäßig in tiefer Freundschaft weltweit unvergessliche Golfrunden. Dabei spielt der Einsatz immer eine untergeordnete Rolle. Fällt der nämlich zu hoch aus, bricht der Flight erfahrungsgemäß schnell auseinander.

Als Spieler listig sein, aber als Mensch ohne Hinterlist

Unter Gentlemen-Golfern entwickelt sich im Lauf der Jahre ein Moralkodex, den sie bei krassen Abweichungen und Konfliktsituationen ins Gedächtnis rufen. Eine Pauschallösung, Betrügern die Bedeutung des Wertesystems und Spirit of the Game beizubringen, gibt es nicht. Biografie, Persönlichkeit, Erlebnisse und Vorlieben, aber auch Abneigungen stehen dem im Weg. Regeln wie: „Fair, freundlich und friedlich sein" schließen Spielzerstörendes von vornherein aus.

Mit der Motivation, wenn schon, denn schon, packen integre Golferinnen und Golfer auch im Beruf und privat die Dinge an. Moralische Integrität zu entwickeln, festzulegen, welche Grenzen wir nicht überschreiten wollen und warum, ist relativ einfach: Wir schauen in den Spiegel und fragen uns: „Möchten wir in einer (Golf-)Welt leben, in der sich jeder so verhält wie wir?"

Eigentlich bin ich ganz anders, ich komm nur so selten dazu

Ödön von Horváth

Stichwort

Pssst, da läuft was!

Golf wird nach Regeln gespielt

Null Toleranz, auch bei kleinsten Vergehen halten wir nicht für übertrieben. Ebenso darf Unwissenheit nie vor Strafschlägen schützen. Jeder ist für das, was er tut, verantwortlich, nie für das, was er nicht tut. Also nicht nur selbst Betrügereien vermeiden, auch danach streben, dass andere nicht mogeln.

Regelbrüche! Weder akzeptieren noch ignorieren oder klein beigeben

- Betrügereien – zum Beispiel Ball fällt aus dem Hosenbein, wird hinterm Baum in eine günstigere Lage gekickt – monieren, nie wegsehen
- Will jemand nach dem Schlag ins Wasser Land gewinnen und weit weg von seiner Schnittlinie den Ball ins Spiel bringen: nix da! Ist der Drop nicht okay – auch wenn der Spieler noch so nett oder unverschämt daherkommt –, einschreiten
- Auch wenn es Überwindung kostet: Werden Regeln verletzt, gibt es keinen Freibrief, aufeinander loszugehen
- Der Ton macht die Musik. Lieber klar und deutlich als laut
- Besonderes bei Dominanzgebärden, Killerphrasen und Drohungen kommt es auf das Wie an
- „Ich-, statt Wir-Botschaften benutzen, also: „Mir ist aufgefallen …" Tabuformulierungen sind: „immer wieder" und „jedes Mal"

Selbst Opfer von Vorwürfen? So entschärfen wir Ansätze zum Zoff

- In komische Äußerungen nicht so viel hineininterpretieren, sondern noch einmal nachfragen. Oft basiert etwas auf Missverständnissen
- Gespräch unter vier Augen suchen. Keine Machtkämpfe vor anderen austragen und kein Feindbild aufbauen
- Auf keinen Fall Drohungen aussprechen
- Auch wenn es wehtut: notfalls in der Diskussion Fehler zugeben
- Oder, damit jeder sein Gesicht wahren kann: Streitigkeit „zurückstellen", einen zweiten Ball spielen und offiziell entscheiden lassen
- Niemals die Chance auf eine faire Auseinandersetzung verspielen!

Gemach, Gemach. Freizeitgolfer sind doch nicht auf der Flucht. Warum setzen sie sich oder andere durch dichtes Aufspielen unter Druck?

Beuerberg, Gut Sterz, nahe München

Unterwegs mit Temposündern

Auflaufen nervt. Keine Frage. Mehr noch nerven die Drängler auf dem Platz. Kaum den Chip vollführt, fällt nach langer Luftfahrt nur ein paar Meter weit weg der Abschlag vom Hintermann nieder. Blick zurück im Zorn? Oder gute Miene zum bösen Spiel machen?

Selbst am Wochenende kennen sie kein Pardon. Auch wenn der Alltag anstrengend war, einem nichts geschenkt wurde: Stress auf der Piste! Da passiert es schon einmal, dass frustrierte Spieler im Tempowahn dazu neigen, dichter aufzuspielen als sonst. Und im Clubhaus nehmen es die Hektiker auch noch in Kauf, sich mit ihren Vordermännern verbal anzulegen. Im Extremfall wird es handfest und die Streithähne gehen sich an den Kragen. Vor allem auf fremden Plätzen lassen Speedspieler provozierend die Sau raus. Mit jedem Loch hinter einem scheinbar schleppend Anschluss haltenden Flight verstärkt sich ihre Aggression. Oft wollen sie ihre Vorderleute aus unnachvollziehbaren Motiven bewegen, nicht nur zügiger zu golfen, sondern gar alle Gruppen davor zur Eile anzutreiben. „Nein, ich will niemanden drangsalieren, doch Spaß macht's bloß, wenn's rasch vorwärts geht“, sagt schnippisch ein Antreiber, der dichtes Aufspielen prinzipiell abwiegelt, weil er „so tief im Spiel drinsteckt und sich niemals zu schnell, sondern die anderen zu lahm sieht“. Ein anderer von seiner Sorte begleitet sein dichtes Aufspielen mit eisigem Schweigen. Das Argument, dass der Abstand schwer einzuschätzen und im Zweifel Warten sicherer ist, als die Vorderleute voll zu treffen, zieht in seinen Augen nicht.

Doch dann stellt der nah Aufspielende fest, im Vorderflight spielt einer seiner wichtigsten Kunden. Katzenfreundlich, in Demutshaltung nähert er sich ihm. Mit weit ausholenden Gesten versucht er alles als unglückliches Missverständnis darzustellen. Vergeblich, der Kunde wendet sich ab. Blöd gelaufen.

„Überwiegend Single-Handicapper fegen oft mit scheinbar tiefer gelegtem Trolley im wahren Temporausch über den Platz", klagt ein Einsteiger. Sie kennen zwar die weit sichtbaren Entfernungshinweise und tragen in der Regel auch ein Birdie-Buch mit präzisen Entfernungsangaben über die einzelnen Spielbahnen bei sich, „doch liegen ihre Bälle bekanntlich auch nicht immer dort, wo sie hinwollen".

So wie Drängler ständig aufs Durchspielen hoffen, schaffen es andere, mit notorischem Bummeln ihre Mitspieler zur Weißglut zu treiben

Wer warten lässt, scheint der Mächtigere zu sein

Machtlos gegen Schleicher? Durchspielen lassen kommt für Langweiler aus Prinzip nicht in Frage. Erst wenn ihr Schlag an der Reihe ist, unternehmen sie feierlich den Versuch, eine Auswahl zu treffen, welcher Schläger passen könnte. Das Spielchen treiben sie voller Hingabe. Äffen ein Idol aus dem Fernsehen nach, das auch lässig die Hand auf die blinkende Palette seiner Schlägerköpfe legt, angestrengt überlegt, sich mit dem Caddie ausführlich über die Distanz unterhält, bevor er zuschlägt. Bei manchen Amateuren geht das so weit, dass sie nach dem Aufteen, nochmal die Birdie-Karte aus dem Golfbag ziehen und nachsehen, wie viele Meter noch vor ihnen liegen. Das braucht Zeit, viel Zeit, ein Taschenträger steht ja nicht zur Seite. Auf die Idee, all dieses vorher zu tun, kommen sie nicht. Zahlreiche Gastspieler, vor allem auf überlaufenen Golfplätzen, können ein Lied von Gockelgehabe und Abgründen der Golferseele singen. „Freunde des Schneckenspiels: Hört auf mit dieser Blasphemie", flucht laut einer, der die Freuden des flotten Golftempos schätzt. „Mir ist sehr wohl der Unterschied zwischen sorgfältiger Schlagvorbereitung und eurer lahmarschigen Angewohnheit bekannt. Bei dem Gehampel kriege ich die Krise, das erhöht in keiner Weise die Leistung und Konzentrationsfähigkeit."

Manchmal wünscht man sich bei uns mehr gestrenge Marshals, die das Tempo kontrollieren

National GC, Singapur

Ruhig Blut. Keine Revanche-Fouls. Träumer sind Lebenskünstler. Sie hängen Gedanken nach und nehmen die Umgebung nur partiell wahr. Das können sie ruhig weiter tun, solange sie aufpassen, was hinter ihnen abläuft. Absichtliches Schneckentempospielen oder Bahnen vor sich leer zu lassen, ist genauso dumm, wie in Rambo-Manier den Vorderleuten in die Hacken zu schlagen: törichte Typen, auf die wohl auch zutrifft, dass das Verhalten der Golfer in erster Linie von Situation und Stimmung geprägt wird. Selbst der Netteste kann mal ausrasten, wenn er nach tollem Spiel auf schwerem Platz an einem heißen Tag irgendwelchen Langweilern hinterhertrödeln muss. Schnell bricht da bei erhitztem Kopf das evolutionäre Aggressions- und Konfliktpotenzial durch. Hetzen lohnt für sie immer: wegen des kleinen Zeitvorsprungs und des Kicks, andere kurz in die Knie gezwungen zu haben. Welche Reaktionen sie freilich durch ihr Fehlverhalten bei Vorderleuten wie Spielpartnern auslösen, blenden sie aus.

Selbstverständlich wehren wir uns gegen solche Verstöße, melden Drängler wie Schleicher, falls möglich über Hotline, direkt beim Coursemarshal, im Clubhaus, dem Wettspielausschuss oder dem Turnierveranstalter. Wenn wir selbst beschuldigt werden, bitten wir um

Aussprache. Möglichst mit Zeugen, damit schnell Klarheit in die Sache kommt. Erfahrungsgemäß sind die bedrohlich nah Aufspielenden nicht besonders aggressiv. Sie wollen einfach nur freie Fahrt. „Ich zahl so viel Clubbeitrag", sagt Willi Wichtig in Gutsherrenmanier, „dass ich wie im Geschäft auch auf dem Golfkurs schnell vorwärts kommen möchte." Der rücksichtslose Kerl beklagt sich zugleich mehr als andere im Verein über Rücksichtslosigkeit. Erstaunlicherweise sehen sich Etikettesünder öfter als andere in die Opferrolle gedrängt.

Die meisten Spielverderber sind sich keiner Schuld bewusst

Die Liste der Störversuche kennt kein Ende. Das Häuflein der Unbelehrbaren, die genau wissen, dass ihr mangelndes Fingerspitzengefühl keine Strafschläge nach sich zieht, bevorzugt psychologische Kriegsführung: absichtliches schnelles oder langsames Spielen, um Gegner aus dem Rhythmus zu bringen. Oft liegt aber auch der Hund beim Betreiber begraben, wenn die Runde über den üblichen Zeitrahmen hinausläuft, weil die Startzeiten zu eng beieinander liegen. Zu langsames Spielen kann auch vom Graswuchs abhängen. Steht das Rough an der Drive-Landezone zu hoch, wird häufig zu lange gesucht.

Gelassen bleiben: Meckern übers Management oder sich ständig umdrehen, wie dicht der Flight gleich (wieder) aufläuft, bringt es genauso wenig, wie langsames Treiben vor uns aufmerksam zu verfolgen. Spielpartnern, die zu schnell oder im Schneckentempo spielen, schenken wir keine große Beachtung. Das Gebot der Stunde verlangt, dass wir mit unserer Energie Haus halten, Streithansel, Störenfriede und Spielverderber ignorieren. Wie oft wird übereilt und unverhältnismäßig aggressiv zurückgeschlagen und eine Spirale des ständigen Zankens in Gang gesetzt. Doch bekanntlich kühlt ja ein gemeinsames Bier im 19. Loch, der Clubbar, selbst größte Hitzköpfe schnell ab.

Zu hastig und zu träge kommt gleich spät

William Shakespeare

Stichwort

Unterwegs mit Temposündern

Tief durchatmen bei Stau und Sicherheitsabstand wahren

Solange keiner persönlich wird, hüllen wir uns in Schweigen und buddhistische Geduld. Lassen nur noch die Schläger sprechen.

So wird Warten erträglich und so läuft es zügig fort

- Niemals anderen beim Schwung zusehen, das lenkt gemein ab
- Sich sagen: Was scheren mich Slowlys (das gilt auch für Speedys), ich halt den Mund und mobilisiere Kraft und Konzentration nur für mein Spiel
- Langweilern vor uns den Rücken zukehren
- Luftholen: Wartesituationen als Stresspause entdecken oder zu körperlicher Stärkung nutzen. An was Liebenswertes denken
- Immer einen zweiten Ball in der Tasche haben für „Nachschlag" oder Drop
- Sich nicht davon abhalten lassen, im Zweifelsfall einen „provisorischen" Ball ins Spiel zu bringen
- Bei Stableford-Turnieren Ball aufheben (lassen), wenn keine Chance mehr besteht, einen Punkt zu machen
- Mitgebrachte Schläger auf der abgelegten Fahne platzieren, damit sie beim Weitergehen nicht vergessen werden

Besserwisser und Drängler provozieren oft mit Vorliebe

- Sie wissen, dass ihr mangelndes Fingerspitzengefühl keine Strafschläge nach sich zieht
- Pedantisch neigen „Oberlehrer" dazu, sich an Etikette, Platzordnung und Regeln zu halten
- Durch langatmige Monologe blockieren sie den Spielfluss
- Sie preschen nach ihrem Annäherungsschlag sofort zum Grün vor
- Beim Ansprechen des Balls treten sie dann unweigerlich ins Gesichtsfeld des Gegners
- Gern geben sie eindeutig vor dem Putt – mit Fahnenstock in der Hand – zu verstehen, ganz schnell zu machen. Obwohl die Gruppe dahinter überhaupt nicht drückt

Das Ärgerliche an der Angst

Oft reicht ein Hacker vor dem Grün, uns ins Dickicht der Angst zu führen. Ständig wachsende Anforderungen bringen Spieler an die Belastungsgrenze und plötzlich führt Sorge die Regie. Wird jedoch die Rolle der Angst gut besetzt, hilft sie. In Verbindung mit Vernunft gibt sie einen erfolgreichen Motivationsschub

Zeit der Gefühle? Alle Jahre wieder. Nein, nicht X-mas. Rutscht einem vor dem ersten abgehackten Schwung im kaltnassen Frühjahr heraus: „Endlich! Ich spüre es, dieses Jahr wird mein Jahr. Handicap, du fällst tief runter." Gefühl. Bewegungsgefühl? Zudem ein perfektes Navigationssystem im Kopf. Mit geballter Kraft und Präzision die Kugel steuern. In ein winziges und unendlich weites Loch ausrollen lassen. Alles auf der Grundlage jahrelanger Erfahrung, die man mit sich selbst hat, und mit der Fähigkeit, Problemlösungen zu finden und Aufgaben zu strukturieren. Bekanntlich werden aber die Verarbeitungsprozesse im Gehirn von Jahr zu Jahr langsamer und zu viel Nachdenken beschert zu viele Fehlschläge, die gespeichert immer wieder die Schwungmechanik blockieren. Nichts dabei denken, einfach wie ein Boxer zuschlagen, lautet der Vorsatz, damit die besseren Lösungen herauskommen – im rechten Auftreffwinkel, mit höchster Schlaggeschwindigkeit. Sich nur nie im Moment des Ballkontakts den Kopf zerbrechen, wie was wohin führt. Auch in entscheidenden

Der Chancentod lässt grüßen: Den Krokodilen ist's egal, dem Spieler nicht: Wenn sein Putt wiederholt zu kurz bleibt, steigt der Ärger ins Unermessliche

Lost City, Sun City, Südafrika

Augenblicken bleiben siegreiche Faustkämpfer gelassen, verlassen sich auf ihre Fähigkeit, technisch ausgedrückt, ihren Autopiloten. Der funktioniert überlegen im Kampf gegen die Konkurrenz.

Nach der Golfer-Euphorie nistet sich oft Versagensangst ein

Viele schwierige Löcher hat der Betroffene bis vor kurzem noch mit Bravour überstanden. Stand sein Spiel auf der Kippe, schlug er sich beherzt aus brenzligen Situationen heraus. Doch viele erworbene Belege des Selbstvertrauens wurden in den letzten Wochen ad acta gelegt. Plötzlich treten kritische Phasen bei leichten Löchern auf. „Bevor ich mich umsehe, verliere ich die Konzentration – und schwups ist der Score im Eimer.“ Erschüttert stellt der Akteur fest: „Ein schreckliches Gefühl, wenn der Schwung nicht hält.“ Nach einem verhackten Loch ist er kaum noch in der Lage, den Rückstand zum Handicap aufzuholen. Nach den Eindrücken der letzten Runden traut er sich nichts mehr zu. Wenig zuversichtlich denkt er nach, ob es so überhaupt Sinn macht, beim nächsten Turnier an den Start zu gehen.

Verunsichert, verprellt – was tun? Fest steht, die Euphorie ist verflogen. Jeden Golfer erwischt das mal. Sein Handicap wird Stimmungskiller Nummer eins. Runden-Scores und Handicap-Kurve entsprechen partout nicht mehr seinen Vorstellungen von Ruhm und Ehre. Das wirkt sich fatal auf die Spielweise aus. Getrieben, noch riskanter oder noch verhaltener ans Werk zu gehen. Dementsprechend drastisch fallen die Ergebnisse aus. Die Angst vor der Angst? Wer sich ständig überfordert, verliert den Blick fürs Wesentliche.

Die Aufregung steigt, wird zur Furcht vor Unbekanntem, Uneinschätzbarem, vor Blamage, Hohn und Spott. Die Stresshormone geraten weit über Gebühr in Wallung. Sobald der geplagte Spieler auf dem Platz agiert, stottert seine Schwungmotorik. Er überschwingt im Rückschwung, verliert Kraft und Kontrolle, der Ball landet sonstwo. „Mit mechanischem Denken kommt er nicht weiter“, kommentiert ein ihm nahe stehender Crack das Szenario. Besonders im Wettspiel erlebt der Spieler das schiere Grauen. Sein Atemrhythmus beschleunigt sich dramatisch, Muskeln verkrampfen, panische Angst wird hervorgerufen. Völlig fertig und schweißgebadet hat er Mühe, die Runde zu Ende zu bringen. Die Beschwerden, die der Betroffene durchleidet, werden lange nicht auf den Punkt gebracht. Bekannte und Freunde passen. Auch Golflehrer können wenig ausrichten. Das sprengt den (Ausbildungs-)Rahmen, führt weit über das übliche Lehren von Griff, Stand und Schwungbewegung hinaus.

Wie dürfen wir uns die Beschwerden vorstellen, die vitalste Typen aus heiterem Himmel, ohne jeglichen Einfluss von Außenstehenden ereilen?

Über das Ausmaß der Selbstvorwürfe nachdenken

Unser Golffreund fühlt sich in letzter Zeit niedergeschlagen. In der lausigen Lage macht er Dinge, die nichts mehr mit Bedacht, Mut und Risikobereitschaft zu tun haben. Immer öfter läuft es auf selbstzerstörerisches Verhalten hinaus. Es tut ihm weh zu verlieren. Wenn die Seele Not leidet, gibt es keine gewöhnlichen Niederlagen. Jeder Misserfolg wird gleich zum sportlichen Desaster. Nach ein paar missglückten Drives stempelt er sich selbst zum Auslaufmodell ab. „Andere spielen noch schlechter", „Mensch, reiß dich zusammen, es wird schon wieder!" Aufbauende Allerweltssätze sind in der Phase keinen Pfifferling wert. Auch wenn's objektiv gesehen sogar stimmen mag. Ob auf der Golfanlage oder „da draußen", jeden Tag werden wir mit trostspendenden Sätzen konfrontiert. Tatsächlich haben Weisheiten Einflüsse, Nebenflüsse und noch mehr Quellen. Manche hören oder lesen wir und haben sie sofort vergessen. Andere durchzucken uns wie ein Blitz und lassen uns ein Leben lang nicht mehr los.

„Sorgenkinder" machen sich um alles viel zu viele Gedanken. Im Kopf inszenieren sie Horrorabläufe, haben schlimmste Lagen vor Augen: Spiegelei im Sand, Ball tief im Dornengestrüpp oder äußerst knapp hinter der Ausgrenze. Ungeheuerlich fantasievolle Befürchtungen begleiten Betroffene vom Abschlag bis zum Grün. Rollt ein Zwei-Meter-Putt um Haaresbreite am Loch vorbei, fallen sie selbst stattdessen in ein tiefes Loch. Würden sie der Realität mehr Bedeutung beimessen, könnten sie feststellen, dass die Champions auf der US PGA Tour aus der gleichen Distanz eher bescheidene Trefferquoten, im Durchschnitt unter vierzig Prozent, erzielen. Verstärkung erhält ihre Fehleinschätzung durch Turnierübertragungen im Fernsehen. Kameraaugen richten sich in erster Linie auf die Führenden. Logisch, dass Pros, die sich auf der Siegerstraße befinden, häufiger aus unterschiedlichen Entfernungen Putts stopfen als der Rest des Teilnehmerfelds.

Zurück zu Sorgengeplagten. Getrieben von Angst, geht jegliche Kontrolle verloren und die Bedrohung wird zur lästigen Begleiterscheinung. Selbst banale Entscheidungen stressen eingebildete Angsthasen enorm. Morgens kriegen sie die Augen nicht auf. Abends nicht zu – es zieht sich, bis sie endlich eingeschlafen sind. Mal ruhen sie zu lang, mal zu kurz. Alles wird zur Plage. Ihr Rhythmus ist hin.

Krankhafter Ehrgeiz ist fragwürdig

Nicht jeder schafft es, sich nach Münchhausen-Manier selbst aus dem Sumpf zu ziehen. Wenn jedoch die Bereitschaft besteht, die eigenen Gefühle, Kräfte und Bedürfnisse mehr zu beachten, kommt mancher gestärkt aus der Krise heraus. „Jeder hat mal Angst. Trotzdem ist durchstarten der richtige Weg, auch wenn es bis zum Erfolg lange dauern kann", sagt der Golffreund. Manche haben das bisher nicht erlebt. Deshalb fällt es ihnen schwer, sich durchzubeißen. Wer aber viel Zeit in seinen (Handicap-)Traum steckt und nicht locker lässt, kann ihn Wirklichkeit werden lassen.

Im Golf wie im Alltag verstärkt sich die herunterziehende Angst durch negativ Gespeichertes, denn alles, was auf- oder anregt, wird im Archiv Erfahrungswerte aufgehoben

Sorgen-Hopping! Die Realität wird aus den Augen verloren. Starker Leidensdruck dominiert. Auswege aus dem Gefängnis der Furcht gibt es scheinbar keine. Kleinigkeiten blähen sich zur Katastrophe auf. Gelegentlich schafft es der Genervte, sich abzulenken. Doch lang währt das nie. Immer wieder gerät er in den verhängnisvollen Sog aus Sorgen. Viele Golfspieler leiden unter dem Sorgensyndrom. Den meisten ist das peinlich. Wegen ihrer eigentlich vagen Ängste hüllen sie sich in Schweigen. Obwohl jeder weiß, dass Schweigen ein Humus ist, auf dem Ängste üppig gedeihen. Fest steht: Zufrieden sein ist kompliziert. Jeder kann behaupten, dass er gut eingestellt super spielen kann. Solange er es nicht beweisen muss, geht das. Allerdings versetzt allein der Gedanke an ein Turnier- oder Wettspiel manche schon in Panik.

Bei aller muskulärer, vegetativer und emotionaler Reaktion, die im Körper stattfindet: „Alles schlägt sich stärker nieder, wenn ich mich danach noch selbst dumm anrede und mich fertig mache." Es bringt mehr, ruhig in sich zu gehen. Vieles passiert eh völlig irrational. Früher brachte ein heranstürmender Bär das Blut der Steinzeitmenschen zum Kochen. Sekundenschnell bereitete der instinktive Schutzmechanismus auf Flucht oder Angriff vor. Auf dem Course geht es keineswegs um „Fight or Flight". Die elementare Schutzreaktion des Überlebens in grauer Vorzeit ist für uns nicht mehr relevant. Außerdem: Golf ist bloß ein Spiel. Eine gewisse Angst dabei zu haben ist berechtigt. Das Gefühl, das uns in gefährlichen Situationen zur Vorsicht mahnt und notfalls den Fluchtweg weist, schlummert noch in jedem. Wer freilich ständig Dinge befürchtet, die über das Maß normaler Ängste hinauslaufen, lähmt den Schutzmechanismus.

Durchstarten ist der richtige Weg

Viele merken nicht, wo sich der unsichtbare und zunächst auch nicht spürbare Übergang von normalen Sorgen zu übertriebenen Ängsten verbirgt. Sie kündigen sich nicht wie eine Grippe an und verschwinden nach Verabreichung einschlägiger Medizin auch nicht über Nacht. Um wieder festen Boden unter den Füßen zu bekommen, helfen letztendlich am ehesten Psychotherapeuten, Psychologen und Psychiater. Diese Fachleute stellen fest, ob überhaupt und falls ja, welche seelischen Leiden und Dysbalancen vorliegen, welche Erkrankung die Stabilität zersetzt und welche Behandlungsmethoden gegen übergroße Ängste angebracht sind.

Nach einem Hacker, der nur Würmer erschreckt, stehen wir gerade mit dem Eisen oder Holz auf Kriegsfuß. Wir vermeiden in vergleichbaren Lagen einen weiteren Einsatz des gleichen Schlägers. Panik tritt ein. Die Kontrolllämpchen im Gehirn flackern auf. Die Leitung zur

Balance ist gestört. Deshalb so schnell wie möglich wieder mit dem gemeinen Gerät spielen, das uns eben noch blamiert hat. Gelingt der nächste Schlag, besteht kaum noch Gefahr, dass es uns weiter im Stich lässt. Unterm Strich beschert die gemeisterte Situation neben Erfahrung und Stolz auch wohlige Entspannung.

Wenn die Seele auf Sparflamme flackert

Missglückt der gefürchtete nächste Einsatz, schrumpft das Selbstvertrauen auf ein Minimum. Schnell wird gehadert und dabei vergessen, beim folgenden Versuch Risiken und Nutzen wieder neu abzuwägen. Selbstvorwürfe und Selbstvertrauen ringen miteinander. So ein Duell im Kopf ist alles andere als ausgeglichen. Es braucht Zeit, bis sich der Spieler wieder erholt hat. Es bleibt die Furcht vor weiteren Selbstvorwürfen. Richtig ist, uns zu fragen, weshalb wir im falschen Moment bremsen, kippen oder zaudern. Mutig wagen wir erneut einen Anlauf. Erfahrungsgemäß ist es nach mehreren Hickhacks bisher jedem Kämpfer gelungen, das Spiel wieder zu seinen Gunsten zu drehen.

Also, wir lassen Außenstehende unseren Stress nicht spüren. Selbstzweifel erhalten bei uns keine Freiräume. Der Angst, von anderen schlecht bewertet zu werden, geben wir keine Chance. Stressauslöser dürfen auf keinen Fall im Hinterkopf weiterschwelen. Sicher, das ist nicht einfach. Doch wir entwickeln Rituale und befolgen sie konsequent. „Ach du meine Güte, was passiert denn noch alles?", ist in unserem Wortschatz nicht vorhanden, wird strikt abgelehnt. Wir haken schwierige Situationen ab. Wer die Schmach einer verloren gegangenen Partie schnell vergessen will, sollte sich lieber einen Trost gönnen, eine kleine feine Nascheinlage oder ein Glas guten Roten, anstatt noch tagelang darüber nachzudenken, was alles schief gelaufen ist: Wer sich mag, mag meist auch sein Spiel.

Das Ärgerliche am Ärger ist,
daß man sich schadet, ohne anderen zu nützen

Kurt Tucholsky

Stichwort

Das Ärgerliche an der Angst

Angst und Ärger frontal angehen, festhalten und entdämonisieren

Seelisch auf Sparflamme? Sich schonungslos hinterfragen: Wie bin ich? Was ist mir wichtig? Alles genau nach Vor- und Nachteilen auflisten. Schluss mit Selbstvorwürfen machen. Werte wandeln sich und die Ziele bewegen sich.

Hausgemachte Bedenken ausgrenzen

- Anforderungen im Golf, im Geschäft und in der Gesellschaft ernst, aber spielerisch angehen
- Termine mit genügend Luft machen
- Kleinigkeiten nicht zu Bergen anwachsen lassen
- Nicht ständig auf der Suche nach einem neuen Kick sein
- Bei Härtefällen nicht zu stolz sein, Experten zu fragen, Fakten oder Anregungen zu suchen, zu prüfen und anzunehmen

Trau dich, führ Tagebuch

- Es hilft, Ballast von der Seele zu werfen, Hemmungen zu überwinden und sich selbstbewusster durchs Leben zu schlagen
- Vom Golf bis hin zum Sex vertraut man ihm alles an
- Keinen Gedanken daran verschwenden, dass die Aufzeichnungen in falsche Hände gelangen könnten. Immer munter drauflosschreiben, Gedankengänge nicht unterbrechen, um passende Formulierungen zu finden
- Es ist der Dialog mit den eigenen Gefühlen, der hilft, Konflikte konstruktiv auszutragen und aus (Zwischen-)Tiefs heraus zu kommen
- Nachdem alles von der Seele geschrieben ist, gewinnt mancher schon beim Durchlesen Abstand zu Dingen, die ihn negativ berührten, beschäftigten und verfolgten
- Gelegentlich schmunzeln manche schon beim Nachlesen des Seelenstrips, über welchen Quatsch sie sich eigentlich (wieder) mal so aufgeregt haben

Keine mildernden Umstände in Anspruch nehmen. Wer Müdigkeit herbeiredet, fühlt sich auch wirklich schnell erschöpft, weil er ja halbwegs Recht behalten will

The Falls,
„The Ritz-Carlton", Las Vegas,
Nevada

Energie in Fluss halten

Golf ist ein vollwertiger Sport. Wenn jemand vor, auf und nach der Runde ständig mehr Lebensenergie verbraucht, als neue nachströmt, drohen seelische und körperliche Zusammenbrüche. Wie jedoch Energiebündel mit richtigem Essen und Trinken und ihrer Einstellung zum Golf immer wieder genügend Lebenskraft schöpfen – das verdient volle Aufmerksamkeit

Griesgrame, haltet euch zurück! Mit heruntergezogenen Mundwinkeln oder Rumkauen auf dem Bleistift macht ihr euch das Leben nur schwer. Es ist ziemlich unmöglich, in gebückter Haltung, mit schlaffen Muskeln und matter Stimme bei der Vergabe vorderer Plätze ein Wörtchen mitzureden. Solange die Körpersprache Schwäche signalisiert, bleibt der Akteur häufig weit hinter seinen Möglichkeiten zurück. Jeder Schritt ist mühsam und jedes Loch schwierig. Körperspannung und Gesichtsausdruck spiegeln ungeschminkt den seelischen Zustand wider. Der Gebeugte spürt schon vor dem langen, beängstigenden Eisenhieb aufs klitzekleine Grün ein Kribbeln im Bauch. Der Kurs bewegt sich, Himmel, hilf! Und der Ball entwickelt wieder einmal sein schwer einschätzbares Eigenleben, verschwindet im sumpfigen Biotop. Steckschuss im ekligen Schlamm. „Betreten verboten, ätsch", die Kumpel finden Gefallen daran: „Sei nicht traurig, davon leben Golfballhersteller." Einiges spricht dafür, dass ein derartiges Ereignis nicht gerade beflügelt. Denke: Wenn mich das nicht schafft, dann eben ein anderer Schlag.

Wie sich der Sportsfreund auch anstellt, er macht's verkehrt. „Ich wusste es!" Enttäuscht verabschiedet er sich nach sechs Löchern – und fühlt sich wieder bestätigt: Obwohl er mutig und stark spielen wollte, hat's einmal mehr nur bei den anderen geklappt, nicht bei ihm.

Energieräuber erkennen und bekämpfen

Ein Gezeter um die Energieverschwendung lohnt sich nie. Auch schnell noch etwas an der Feinmotorik umzustellen nützt nichts, sondern führt endgültig zum Supergau. Bahn frei für neue Gedanken. Das Verlangen und der Wille, alles zu geben, müssen überwiegen. Wie erreicht der Spieler das? Neben Begabung braucht er auch das Glück, dass der Körper nicht rebelliert. Strapazen wegstecken und immer mit Spaß spielen verlangt Charakter. Ebenso die nötige Härte, sein Talent auszuschöpfen wie ein Schatzsucher seine Goldader. Mit Training, bis die Eisen glühen, zurückschlagen. Dabei darf nie der Schmierstoff fürs Selbstvertrauen knapp werden. Und wenn's brenzlig wird, soll nicht Drill im Vordergrund stehen, sondern Disziplin. Der Spieler muss für seinen Sport brennen. Fehlt diese Einstellung, kann er es lassen. „Es gibt Tage, da ist unsere Erde der Hölle näher als dem Himmel. Gib niemals auf und bleib niemals stehen. Auch wenn man dir sagt, deine Schwungart ist out. Halt an allem fest, was dir dein Gefühl diktiert", sagt in erhabener Gelassenheit ein erfahrener Golfer dem Aufgebrachten.

Not am Mann herrscht im Amateurgolf häufig. Wild fuchtelt ein Unglücksschütze mit dem Wedge im wuchernden Brennnesselabschnitt nach seinem verschlagenen Ball. In der Aufregung bemerkt er keine weißen Pfähle. Energieverschwender! In schwierigen Situationen bitte Abstand gewinnen, zurück zum Ausgangspunkt und auf den neuen Ball konzentrieren. Gelingt er, kommt eh der Strafschlag hinzu. Ferner die Einsicht: im Zweifelsfall immer gleich einen provisorischen Ball nachschlagen. Mit drei liegt der unbedarfte Golfer auf der Spielbahn, an einer Stelle auf der er sonst nur einen Schlag zählt. „Aber aufgeben werde ich erst, wenn das Spiel zu Ende ist. Solange es die kleinste Chance gibt, kämpfe ich", schwört er sich. „Wenn Experten meinen, die Chance, noch das Handicap zu schaffen, liegt bei zehn Prozent, dann denk ich mir: Wow, das ist ja besser als null."

„Die besten Schläge hab ich gemacht, wenn ich an nichts dachte. Ein guter Schwung ist Kunst.“ Das hört sich schräg an, aber sogar Außenstehende können das Hoch der Seele wahrnehmen. Die Augen blitzen, die Stimme überschlägt sich, die Lungen weiten sich und beschleunigen den Puls. Nach einem gelungenen Schlag kann keiner hinterher erklären, warum er so leicht von der Hand ging. Mit einstudierter Pre-Shot-Routine, so bezeichnen bekanntlich Golfer ihre persönliche Vorbereitung des Schlags (siehe Kapitel 3 „Vom Ritual zur Routine“), wird der Schwung auf Schiene gesetzt. Schon im Rückschwung merken wir, ob wir den Ball optimal treffen. Das geht wie im Schlaf. Nebengeräusche nehmen wir nicht wahr, ruhen ganz tief in uns selbst. Wir wachen erst wieder auf, wenn der Ball auf der gewünschten Rasenfläche ausrollt.

Ein richtiger Schlag im Hochgefühl erscheint wie Musik: Ballansprache, Schwungablauf und das Plopp des Balltreffens – alles ein Rhythmus. Körper und Seele ringen nicht mit dem Schläger, sie legen auch keine übertriebene Kraft in die Drehung, sie lassen es einfach laufen. Jeden klangvollen Kontakt von Schläger und Ball konservieren Golfer zur Entspannung und Freude. In heißen Phasen spüren die Glücklichen: Heute passt alles zusammen.

Der letzte Putt ist gefallen! Die meisten Spieler lassen erst mal ihre Scores sacken, versuchen, den Kopf freizuschaufeln. Andere mögen angesichts des schwer durchschaubaren vergangenen Handelns ein Knurren im Bauch spüren. Spurlos geht selten eine Runde vorbei.

Nach kräftezehrender Partie nebst unangenehmen oder gänzlich hochmütigen Mitspielern glätten sich die Wogen bei einem stärkenden Essen in gemeinschaftsstiftender Gesellschaft

Disziplin statt nur Dolce Vita

„Nach einem fürstlichen Mahl verzeiht mancher seinem größten Feind leichter“, behauptet ein Freund im Clubhaus. Wehe aber, es wird nichts Anständiges serviert, dann scheint der Seelenfrieden gefährdet zu sein. Lausige Ernährung schwächt. Wir rücken vernünftige Angebote zur

Ernährung in den Mittelpunkt. Abwehrkräftige Spieler klagen kaum über Kräfteverschleiß, kränkeln weniger und knicken mental nicht so geschwind ein. Sie sehen zu, ständig über genügend Energievorrat zu verfügen. Tag für Tag genussvolles und gesundes Essen hilft schließlich entscheidend, optimale Leistungen zu erbringen.

„Was Süßes muss her!“ Wer glaubt, mit kleinen Sünden die Stimmung aufzuhellen, verliert leicht die Selbstkontrolle

Wann die persönliche Produktivität überdurchschnittlich hoch ist, normal oder ins Unterdurchschnittliche fällt, müssen wir individuell herausfinden. Im Schnitt sieht die tägliche Leistungskurve so aus: Zwischen 8 und 11 Uhr sind wir gut drauf, dann rutscht die Linie rapide nach unten. Für diese Zeitspanne ist ein Müsli mit frischen Früchten, Jogurt und Milch wahres Kraftfutter für Kopf und Körper. Aber auch Vollkornbrötchen mit Hüttenkäse und etwas Marmelade bringen Schwung in den Vormittag. Gegen 15 Uhr wird eher schlecht gespielt. Einige überfällt schon zwei Stunden zuvor ihr toter Punkt. In der Zeitspanne kommt wenig zu Stande. Gegen 16 Uhr sind viele wieder auf der Höhe ihrer Schaffenskraft. Danach sinkt die Leistungskurve leicht ab. Der Gute-Laune-Snack muss sein. Meldet der Kopf zwischen den Schlägen Hunger oder Durst, steht das mentale Stimmungsbarometer bereits weit weg von bestmöglichen Grenzwerten.

Beim Golfen dauern die Erholungspausen nie länger als zwei, drei Minuten: Blicke schweifen lassen, mehrmals tief durchatmen. An jedem zweiten, spätestens dritten Loch ausreichend trinken. Und die Energiespeicher mit kleinen Essensportionen versorgen. Als Marschverpflegung bewähren sich Apfelsaftschorle und Bananen. Jedes Kind weiß mittlerweile, dass Stimmungsaufheller in Form von Schokoladenriegeln nicht nur den Zähnen schaden. Kurzfristig holt so ein Schub Süßes aus dem Tief raus, doch danach fällt der künstlich hochgeputschte Blutzuckerspiegel wieder dramatisch ab. Bleibt weiterer Nachschub aus, folgen üble Laune und Leistungsabfall.

Eine riesenradgroße und vor Fett triefende Pizza hält uns mehr als nötig den Hunger vom Hals – sie liegt zwischen Abschlag und Grün so richtig schwer im Magen. Eine Stunde vor dem Spiel verzehren wir

Tiere ernähren sich instinktiv vernünftig. Viele Menschen müssen das erst wieder lernen

nicht mehr viel – vor allem nichts Schweres. Neben Sodbrennen schickt der Organismus nach Schlemmen und Schlingen mehr Blut als sonst für die Verdauung in den Magen-Darm-Trakt. Das fehlt für die Versorgung des Gehirns und der Muskeln.

„Viele Golfer berauben sich wegen falscher Speis und falschem Trank ihrer sportlichen Chancen“, davon sind kompetente Sportmediziner überzeugt. Das Geheimnis, weshalb Nahrung jene mentale Wirkung auslöst, ist längst noch nicht gelüftet. Dennoch überwiegt die Erkenntnis: Intelligent gestärkt vor der Privatrunde oder im Turnierspiel nimmt sportgerechte Ernährung Einfluss, ob die Drives zehn Meter weiter fliegen und der alles entscheidende Putt fällt. Energiehaltige Ernährung ist eine Säule der Leistungsfähigkeit. Regelmäßige Mahlzeiten, eine gesunde Verdauung und sinnvolle Verschnaufpausen machen vieles gleich leichter.

Bei der Feinjustierung von Körper und Köpfchen achten Cracks bei Snacks und Drinks darauf, dass ausgewogene Ernährung die Produktion des Glückshormons Serotonin aktiviert. Der körpereigene Botenstoff verbessert Kontakte zwischen Nervenzellen und Nervenleitung.

Konzentriert in Fluss bleiben. Mit Kicks fürs Köpfchen – wenig Fett, ausreichend Eiweiß, genügend Vitamine und Mineralstoffe – fällt vieles leichter

Faithlegg, Waterford, Irland

Voraussetzung für die Produktion von Serotonin ist der Baustein Tryptophan, eine Aminosäure, die vor allem im Eiweiß von Quark und Käse enthalten ist. Neben Milcheiweiß und Pflanzenfetten hat's das Grünzeug in sich. In Gemüse wie Bohnen, Brokkoli, Kohlrabi oder Obst wie Äpfeln, Bananen und Birnen stecken enorm viele Vitamine – und davon reichlich ist erwiesenermaßen nie verkehrt. Die richtige Kombination von kohlenhydratreichen und leichten Lebensmitteln hebt das Gut-drauf-Sein!

Berufsgolfer schwören auf Spagetti & Co. Knackige Salate mit Krustentieren liefern zusätzlich wertvolle Energievorräte. Viel Fisch aus dem Meer reduziert zudem das Risiko eines Schlaganfalls. Die mehrfach ungesättigte Omega-3-Fettsäure fördert die Durchblutung feiner Blutgefäße und steckt in fetten Fischen, wie Lachs, Hering und Makrelen. Es ist bestimmt gesund, sich mindestens einmal die Woche neben Fisch auch fettarme, eiweißreiche Krabben und Krebse zu gönnen. Genauso können proteinhaltige Gerichte mit Kartoffeln und Sojabohnen stärken.

Ja oder nein zu Fleisch? Geschmackssache. Von allzu mächtigen Fleischstücken besser die Finger lassen? Tierisch Gutes kennt Grenzen. Angesichts der zahlreichen Skandale in den letzten Jahren – und ein Ende ist nicht in Sicht – vergeht so manchem der Appetit auf Kalb, Rind und Schwein. Unabhängig davon begleiten den Genuss üppiger Mengen Fleisch und Geflügel oft übers Vertretbare hinaus ungesunde Begleitstoffe wie gesättigte Fettsäuren oder vermehrt anfallende Harnsäure.

Fleischlose, ausgewogene Ernährung mit enorm Grünzeug und Getreide hat mehr Gesundheitsförderndes. Weltweite Studien belegen das. Besonders gute Ergebnisse erzielen Ei-Milch-Vegetarier. Mit ihrer abwechslungsreichen Kost brauchen sie keine Mangelerscheinungen zu befürchten.

Veganer, die jegliche tierische Nahrung strikt ablehnen, weisen im Vergleich zu Fleischessern oft erhöhte Gerinnungsstärke des Blutes auf, was zu Pfropfbildung, also Hirn- und Herzinfarkt, führen kann.

Der Kopf spielt bei jeder Kost eine immens wichtige Rolle. Denken, Fühlen und Reagieren kosten Kraft. Zwar wiegt das Gehirn bloß zwei bis drei Prozent des Körpergewichts, verbraucht aber um die 20 Prozent der mit der Nahrung aufgenommenen Energie. Das Gehirn ist ein Nimmersatt. Obwohl nur 1500 Gramm schwer, „frisst" es 20 bis 25 Prozent der rund 1500 Kalorien, die der Körper im Ruhestand durchschnittlich umsetzt.

Viele vertrauen dem Gefühl, greifen vor jeder Partie zu Gewohntem

Abschalten und Tee trinken? Jedes Schlückchen führt dem Körper Mineralien, Spurenelemente und Vitamin C zu. Tee enthält Koffein, früher Teein genannt, der Aufguss wirkt wenig aufputschend – mehr erfrischend. Junge Golfer kommen langsam auf den Geschmack von Cola-Getränken und Energydrinks. Vorsicht, auch diese Flaschen beinhalten das sanfte Aufputschmittel Koffein. In zu hohem Maß macht es unruhig, reizbar und zerstreut. Gerade bei geistiger und körperlicher Erschöpfung kann's wie Gift wirken. Außerdem enthalten viele dieser Getränke große Zuckermengen.

Wer außer Tee regelmäßig Kaffee braucht, um auf Trab zu kommen, kriegt bei plötzlichem Verzicht Entzugserscheinungen – Müdigkeit oder Kopfschmerzen machen sich breit. Kaffee wirkt bei vielen aufs zentrale Nervensystem, beschleunigt den Atem und belebt den gesamten Stoffwechsel. Treibt kurzfristig den Blutdruck hoch. Ob sich deshalb das Herzinfarktrisiko erhöht, ist bislang nie eindeutig nachgewiesen worden. Bestätigt ist wohl, dass Morgenmuffel ihren Kaffee oder Tee brauchen, um den Tag zu starten. Koffein regt ihre grauen Zellen an.

Zur Tasse greifen: Köstlicher Kaffee oder Tee hellt die Stimmung auf

Ein Satz noch zu Muntermachern. Ob jemand über den Tag verteilt eine Kanne Tee oder vier bis sechs Tassen Kaffee trinkt, ist seine Sache. Aber vor dem Golf? Ein, zwei Tassen steigern, subjektiv gesehen, Aufmerksamkeit und Schlagkraft. Zudem helfen sie wohl, die eigenen Fähigkeiten besser zu nutzen. Wie der Energieschub erfolgt, manche gar einen extra Stimmungskick spüren, entzieht sich noch dem Expertenwissen. Eine These: Koffein fördert die Bildung von Serotonin, dem Botenstoff, der ja bekanntlich die Stimmung schön färbt. Die maximale Konzentration im Blut erreicht der aufgebrühte Muntermacher für Millionen nach einer viertel bis einer Stunde. Gefilterter schwarzer Kaffee liegt in der Skala klar vorn. Bei Zucker im Kaffee tritt die Wirkung später ein, mit Milch hält sie länger an. Lassen wir's? „Nein, schnell noch einen Espresso bitte ..."

Tue Deinem Leib Gutes,
damit die Seele Freude hat,
darin zu wohnen

Teresa von Ávila

Stichwort

Energie in Fluss halten

Nachschub fürs Energiekonto

Mentale Fitness macht oft den Unterschied aus, ob verloren oder gewonnen wird. Grundsätzlich stärken eine gesunde Lebensführung, Ernährung und regelmäßige Bewegung die Leistungsbereitschaft.

- Von wegen: Hungrige Löwen laufen besser. Knurrt der Magen, stottert der Motor, gereizt sein überwiegt
- Sich sportlicher in Szene setzen macht stressstabiler und gegen Ende geht die Luft nicht aus. Bahn frei für jede Sportart
- Frustfresser, Maß halten! Vernünftigen Mehrwert für Kopf, Gefühle und Körper entdecken
- Die besten Bissen gleich auf die Gabel legen hilft oft, früher satt zu werden
- Alles, was dem Körper gut tut, nützt offenbar auch dem Kopf. Nur wenn es zu gut schmeckt, kann das schwer wiegende Folgen für die Form haben

Beugen, strecken und recken auf die sanfte Tour

- Vor jedem Bälleschlagen und Losspielen um die zehn Minuten Muskeln und Bänder lockern. Regelmäßige Aufwärmübungen stärken nicht nur dauerhaft die Muskulatur, auch das Schwungverhalten fällt schon nach kurzer Zeit stabiler aus und die Bälle fliegen weiter
- Aggressives Wippen vermeiden, das kann zu Muskelfaserverletzungen führen. Wichtig: sofort aufhören, wenn was wehtut
- Konzentriert, tief und gleichmäßig ein- und ausatmen, durch Nase und Mund in den Bauch hineinatmen
- Trainingstage im Terminplan eintragen. Nur stetes und maßvolles Üben bringt die gewünschten Wohlfühleffekte
- Keine Angst vor kalten Tagen
- Ist es draußen ungemütlich, packen wir uns im Zwiebelprinzip warm ein (Unterwäsche, Polo, Fleece, Regenanzug)
- Nach der Runde ist vor der Runde. Stretching wiederholen, das fördert die Regeneration, senkt Muskelspannung und beugt Überlastungen vor

Plädoyer für Ruhepausen

Ausgeschlafen und richtig schön auf Draht mögen wir uns am liebsten! Damit wir auch zwischen Tee und Green über uns hinauswachsen, schalten wir in festen Abständen auf Schongang, um auf dem Platz wie im Alltag das richtige Maß an Erholung zu finden

Vorm Turnier schlafe ich noch schlechter als sonst. Schon beim Aufstehen fühle ich mich kaputt." Unser Mann, getrieben von innerer Unruhe, schleppt sich unausgeschlafen durch den Alltag: immer öfter. Bremse treten, runterschalten. Das Nervenkostüm auf Überreizung hin prüfen. Nach störenden Gefühlen abklopfen. Sich fragen: Bin ich bei nichtigen Anlässen schnell aufbrausend oder aufgelöst? Wer ständig unter Strom steht, gelangt zwangsweise an Belastungsgrenzen, ist mies drauf und oft ungeduldig. Es besteht kaum Zeit, möglicherweise im Traum Entscheidungen zu strukturieren. Vieles wird nicht mehr verarbeitet. Krankheiten treffen auf fruchtbaren Boden.

Weit weg von zu Hause, z. B. im Urlaub, treten tagsüber viel seltener Konzentrationsschwächen auf. Wir spielen traumhaftes Golf, erholen uns glänzend, schlafen tief und fest wie ein Baby. Warum? Ist es der wahnsinnig schöne Platz an der Sonne? Die bizarre Gebirgsformation? Die gewaltige Meeresbrandung? „Im Urlaub konzentriere ich mich nur auf eine Sache. Kein Mensch kann gleichzeitig hochkonzentriert drei, vier verschiedene Dinge tun." Radio hören, nebenbei telefonieren müssen und vor dem Computer wichtige Briefe formulieren – das Zu-viel-auf-Einmal überfordert junge wie alte Menschen.

Wasser muss nicht immer ein Hindernis sein. Es dient auch der Schonung und erhitzte Gemüter fühlen sich nach der Runde bei entspannender Wellnessanwendung gut aufgehoben

The Ritz-Carlton, Bade-Butler-Service, Berlin

Erfahrungsgemäß ist das Gehirn nur in der Lage, einen Sachverhalt ordentlich aufzunehmen, zu beurteilen und zu verarbeiten. Permanente Informationsüberflutung zu Hause lässt Gedanken verblassen, vergesslich und abgespannt werden. Am Tagesende tritt die berühmte Leere im Kopf ein. Konzentrationsfähigkeit und Selbstkontrolle fallen ihr zum Opfer. So was als Lappalie abzuwiegeln oder zu ignorieren ist genauso schädlich wie übertriebener Konsum von Schlaftabletten oder alkoholischen Schlummertrünken.

Schäfchen zählen schlägt überhaupt nicht an

Langschläfer werden im Volksmund öfter als Penner und Nichtsnutze beschimpft, die dem lieben Gott den Tag stehlen. Schlaf-Feinde denken gewöhnlich: Schlafmützen, die länger als sie auf der Matratze horchen, müssen weniger müde sein. Fehlschluss! Hinter zu viel Schlaf stecken nicht selten schwere Krankheiten ebenso wie hinter zu wenig Schlaf. In beiden Fällen können organische Erkrankungen, das chronische Müdigkeitssyndrom oder belastende Ereignisse wie Trauer und Trennung Gründe sein. Ganz abgesehen von nächtlichen Atemaussetzern oder plötzlich auftretenden Schlafattacken, die übrigens nichts mit dem toten Punkt tagsüber zu tun haben. Ärztlichen Angaben zufolge sind ständig müde, schlappe, also schlecht schlafende Menschen prädestiniert für Depressionen.

Wie viel Bettruhe ausreicht, ist von Mensch zu Mensch verschieden. Der eine kommt mit sieben, der andere mit neun Stunden pro Nacht aus. Nicht nur die Dauer, auch die Qualität der Nachtruhe ist für die körperliche, geistige und seelische Erholung folgenreich. Letztendlich zählt Schlaf von klein auf zu den physiologischen Grundbedürfnissen. Säuglinge schaffen locker 13 bis 15 Stunden täglich. Älteren Herrschaften genügen meist sieben Stunden, einschließlich Mittagsnickerchen. Den Mindestbedarf an nächtlicher Erholung unterschätzen vornehmlich jugendliche und mittlere Altersgruppen. Sie begnügen sich mit wenig Schlaf. Übermächtig und leise tritt bald der Fix-und-fertig-Zustand ein. Übergänge verschwimmen. Moderne Lebensweisen plagen: „Geld schläft nie!“ Im Scheinwerferlicht gelten Workaholics als Helden. Besonders propagiert von der jungen Generation der Nachfolger und Führungskräfte. Viele in den Chefetagen gönnen sich im Schnitt nur vier bis fünf Stunden Nachtschlaf. Immer mehr Menschen leiden unter ernst zu nehmenden Schlafstörungen, verdrängen sie aber erfolgreich. Mit Schnarchern und Schlafmützen haben sie eh nichts am Hut. Nur mit ihresgleichen pflegen sie Umgang.

Schlechter Schlaf folgt oft falschem Verhalten am Tag. Einen guten Lauf kann keiner planen. Aber die Vorkehrungen für Leistung kann jeder treffen

Natürlich hängen Höhepunkte in der Golferlaufbahn viel vom Glück ab. Aber auch von zu hohen Anforderungen an sich selbst oder von mitgebrachten Sorgen und Nöten. Außerdem von Dingen, die nicht vorhersehbar auf uns einstürzen. In unruhigen Zeiten selbst die Notbremse zu ziehen zeigt Größe. In hartnäckigen Fällen geht das nur mit professioneller Hilfe, bewährten Therapien und Änderung des Lebensstils, wie zum Beispiel Ansprüche ändern. Auch wirksame Selbsthilfemöglichkeiten befreien Gepeinigte aus ihrem Teufelskreis – sie finden wieder Ruhe für Spiel und Alltag.

Abseits vom Trubel ein Gespräch mit jemandem zu führen, der einem sehr nahe steht, kann den müden Leib und die ausgelaugte Seele ebenso entspannen wie die geliebte Musik. Klingt banal, egal: Starttaste drücken. Mit Begeisterung lassen sich Musikliebhaber von ihren Lieblingsstücken überallhin begleiten. Wohlklang führt zu Wohlbefinden und hält ihr Leben in Balance. „Musik", so Tolstoi, „ist die Kurzschrift des Gefühls, und so", mal genau hingehört, „ergänzt sie sich mit Muße." Stopptaste drücken. Raus aus der Hängematte. Ab aufs Sofa – und das Lieblingsbuch lesen.

Mögliche Aufbaumethoden für innere Ruhe: Yoga, progressive Muskelentspannung, autogenes Training

Allein mit einem Buch? Für Lustleser beinhaltet das höchste Erholungsqualität. Statt ihre Zeit mit Menschen zu verbringen, ziehen sie die Gesellschaft eines Buchs vor. Ob ausgefeilt oder grobschlächtig, anspruchsvoll oder Schund: Hauptsache, die Lektüre dient der Unterhaltung. Und aus einer Bücherei oder von Bekannten geliehen, ist der Genuss sogar für lau.

Ferien! Hurra, endlich Zeit, gemütlich viel zu lesen. Buch aufschlagen. Völlig versunken auf seiner Insel der Ruhe, vergisst der eifrige Leser jegliche Einflüsse von außen. Ungeachtet von mehr oder weniger Furcht einflößenden Störungen, erfahren Menschen beim Lesen mehr über sich selbst, schärfen in Krisen die Sinne oder entfliehen der Alltäglichkeit. Persönliche Erinnerungen werden wachgerufen und fantasievolle neue Welten eröffnet. In denen herrschen liebenswerte, lustvolle und umtriebige Zustände, die für all das Unangenehme in der Realität des Buchkonsumenten entschädigen. „So lässt sich's leben", sagt ein Lesesüchtiger. Dann bellt der Hund, besteht aufs Kuscheln und drängt aufs Gassigehen. Buch zuschlagen. Tür öffnen. Wauwau wackelt schon mit dem Schwanz. Hundebesitzer müssen immer raus. Die Vierbeiner zwingen Frauchen und Herrchen regelmäßig zur Frischluftkur, stellen einen Fitness- und Wellnessfaktor dar, der nicht mit Geld aufzuwiegen ist.

„Sie sollten mehr für sich tun", sagt ein Arzt dem Akteur. Mancher hasst Ratschläge vom Trimmen und Therapieren. Derlei Appelle von außen sind ihm ein Graus. Gewöhnlich fährt er mit einem Zweisitzer-Cart übern Golfplatz und sein Fitnessprogramm spielt sich allein vorm Fernseher ab. Träge bleibt der Bewegungsmuffel in seinen Pantoffeln auf der Couch haften. Vertreter des Sports wissen freilich, dass man so durch Golf nicht fit wird, sondern vielmehr für Golf fit sein muss, um genussvoll das Abschalten zu erleichtern. „Ja, manchmal schafft körperliche Aktion es sogar, depressive Seelen zu heilen."

Dehnübungen, um die Energie wieder in Fluss zu bringen

Walken und Joggen. Überall läuft was. Anhänger der Fitnessbewegungen füllen zu jeder Zeit und fast überall ihre Batterien auf. Frühere Couchpotatoes begeben sich nach und nach auf attraktive und möglichst abgasfreie Strecken in ihrer Umgebung – da fällt Durchhalten im Dauerlauf, so hieß die Übung früher, leichter. Doch Vorsicht: Wer auf leisen Sohlen einsam und allein bei Wind und Wetter losgehen oder losrennen will, ist beruhigter, wenn er vorher durch eine ärztliche Untersuchung eventuelle Bedenken beseitigt. Um Überraschungen vorzubeugen, vergessen wir unser Handy nicht.

Gegen schweißtreibende Aktivitäten opponieren manche Menschen aus Prinzip. Sie gönnen sich mehr die sanfte Tour: Wellness. Indoor!

„Ein Tag und ich war wie ausgewechselt" oder „Nach der Luftveränderung hatte ich die Ruhe weg." Resorts und Wellnessfarmen werben viel versprechend. Sie vermitteln ein Flair von Entspannung, Erholung und Schönheit. Oft unter dem Mäntelchen totaler Fitness. Angeblich bewirken die Programme – von Aromatherapie bis hin zum Thermalbad – wahre Wunder. Im Grunde genommen aber nichts Aufregendes. Vor mehr als 100 Jahren folgte schon Sebastian Kneipp dem ganzheitlichen Anspruch, Leib und Seele der Menschen (wieder) fit zu kriegen. Was Pfarrer Kneipp seinen Gästen in Bad Wörishofen unkompliziert empfahl, wie Wassertreten in aller Herrgottsfrüh, bildete den Grundstein der modernen Badekur. Sein Angebot hilft heute noch: entschlacken, Immunsystem stärken, Kraftschübe aktivieren. Vieles des gegenwärtigen Wellnesskults kommt aus fernöstlichen Quellen: Ayurveda, Qigong, Reiki, Shiatsu, Yoga.

„Ich fühle hinterher wonniges Wohligsein, finde mich ansehnlicher und leistungsfähiger." Umfassender Stressabbau und Tiefschlaf, verbunden mit Energieaufbau, wirken zu Hause nach. Zahlreiche Kombinationen verwöhnen und befriedigen die Sehnsucht, sich selbst zu fühlen, zu erleben und Neuem gegenüber aufgeschlossener zu sein.

Pauschale Wohlfühlprogramme blind nachzuahmen bringt selten weiter

Bodenständige Golfer plantschen eher selten stundenlang im Kurhaus. Ihr Bewegungsdrang führt nach draußen. Ein 9- oder 18-Loch-Platz findet sich immer. Ebenfalls ein ungestörtes Plätzchen. Auf dem treiben sie es wie die Raubtiere: strecken und recken sich und wenn nötig – und die Luft rein – gähnen sie nach Herzenslust. Um Unlust von vornherein auszuschalten, planen sie schon im Vorfeld Puffer fürs Aufwärmen im Terminkalender ein, denn Stretching vor dem Spiel ist Pflicht. „Nach dem Dehnen fühle ich mich immer wie runderneuert." Auch wenn notwendige weite Abschläge, schmale Spielbahnen und verzwickt kleine Grüns immer noch Nervosität und sogar Ängste erzeugen. Respekt vor einem als äußerst schwer eingestuften Meisterschaftsplatz ist okay – aber nicht mehr. Wir befreien uns vom Freizeitstress, nutzen ihn produktiv und trauen uns mehr zu. So kommt wirklich Sicherheit auf. Auch mitunter auf verschlungenen Pfaden.

Wer ungewöhnliches wagt, führt ein erfüllteres Leben

Vor jeder Saison macht sich ein Golffreund aus dem Staub. Der alte Haudegen verkriecht sich im Kloster. In Klausur zieht er sich auch zurück, damit sein innerer Schweinehund nicht zu Wort kommen kann – spätere Erfolge geben ihm Recht. Vier Wochen lang übt er unverdrossen auf dem nahen Golfkurs und feilt nach strengen Regeln an seinem Schwung. Schon um sieben wird er vom Weckerklingeln aus seinen Träumen gerissen. Es folgt ein karges Frühstück mit Früchtetee und Schwarzbrot. Danach agiert er stundenlang stumm im Trainingslager. Endloses Bälleschlagen, während im Hintergrund sein Videogerät läuft. Nach halbstündigem Mittagsschläfchen kramt er ein Golf-Tape aus seiner Kindheit hervor. Nostalgie ist nicht der einzige Grund für den infantilen Augenschmaus und Hörgenuss. Es ist ein Stück heile Welt, das da vom Bildschirm rüberschwappt. Alle Schläge sehen spielerisch leicht aus, die Bälle blieben meist im Spiel. Mishits wurden gleich im Kopf aufgelöst: Wenn ich es aus dem Tief schaffe, dann komme ich auch aus dem nächsten wieder heraus. Kinderkram am laufenden Band? Seine in vielen Jahren zusammengestellten Homevideos bieten ihm in turbulenten Zeiten Halt. Er hat viel durchgemacht. „Die vertrauten Bilder", schwärmt er nach Sonnenuntergang, „haben eine beruhigende Wirkung vor dem Einschlafen." Er ist kein Traumtänzer, er weiß, wie schnell sich alles drehen kann.

Wieder zu Hause spielt der Alte in bestechender Form. Obwohl ihm bewusst ist, dass sein Schwung noch längst nicht automatisch funktioniert. Wann er richtig fertig sein wird, weiß niemand so genau. „Am wenigsten ich selbst."

Nirgends strapaziert sich der Mensch mehr als bei der Jagd nach Erholung

Laurence Sterne

Stichwort

Plädoyer für Ruhepausen

Erlaubt ist alles, was gut tut

Die Chance, mittels Ruhepausen mentale Stärke zu entwickeln, um individuelle Höchstleistungen zu erreichen, darf nicht länger ungenutzt bleiben. Ausgeruht und ausgeschlafen passieren einfach weniger Fehler.

- Vor allen Vorhaben genügend Zeit einplanen, wenn möglich open end
- Eventuell rechtzeitig um Aufschub bitten oder Zeit nachverhandeln
- Bedenken, dass zwischen den Tagen, an denen viel Golf läuft, der Körper Ruhe braucht
- Qigong testen? Traditionelle Heilgymnastik, bei der sich Atmung, Bewegung und Meditation miteinander verbinden
- Massagen buchen? Streicheleinheiten für Körper und Seele
- Wellness machen? Lebenselixier Wasser spielt in vielen Wohlfühlabläufen eine Hauptrolle
- Sauwetter? Nur nicht wehleidig sein. Raus aus dem Häusermeer. Das Sofa kann warten. Bewegung ist alles
- Entspannung pur: Schlafen ist für Gestresste der beste Pausenfüller
- Nur Hände weg von Aufputschern. Auch wenn manches nicht auf der Dopingliste steht, Langzeitfolgen sind offen und Restrisiko besteht laut Experten immer
- Das Gebot der Stunde lautet: geordneter Rückzug. Gedanken und Gefühle sortieren, Kraft für Körper und Geist nachladen

Ein gestopfter Putt setzt Glücksgefühle frei. Sich und andere froh stimmen fördert die Frische im Kopf. Gut drauf bewältigt sich vieles leichter

Niederrad, Frankfurt

Wohl dem, der Freu(n)de hat

Egal wie wir uns heute geschlagen haben: Gleich treffen wir Freunde. Welche Freude – im Spiel wie auf der Golfparty. Damit uns falsche Fuffziger möglichst erspart bleiben, prüfen wir die Grundbedingungen für eine solide Basis

Manche halten vom Ausgehen überhaupt nichts und wählen gut gelaunt den kürzesten Weg vom Golfcourse ins traute Heim – my Home is my Castle. Es langweilt sie, Floskeln wie „Ist's heute nicht wie ein Traum?“ in gemütlichem Singsang zu hören. Oder stirnrunzelnd zu fragen: „Was machen die Geschäfte? Harte Zeiten?“ Grundsätzlich muss keiner gleich als spießig gelten, dem schnell das Visier runterklappt, der Partybesuche bald abbricht oder gar ablehnt.

Dann ist da noch diese andere Geschichte! Golfer kennen zum Leidwesen anderer nur ein Thema: ihre Passion. „Was ist dran am pockennarbigen kleinen weißen Ball, dem so viele Infizierte hinterherlaufen?“, platzt es aus einem Nichtgolfer heraus. Der Virus grassiert. Selbst in Zeiten, die alles andere als rosig sind, wird hier zu Lande die Sportart für immer mehr Menschen erschwinglich. „Die Mehrheit der Clubs öffnet sich jetzt. Konservative Kräfte sehen das mit Unbehagen“, gibt ein Insider preis. „Wie in fast allen gesellschaftlichen Bereichen vollzieht sich auch bei uns ein Wandel: Abschlag für viele ist längst keine Vision mehr“, sagt der Bogey-Golfer gleich am Eingang. Unterstützt wird die Aussage von Verbandsseite. In regelmäßigen

Abständen hören wir, wie die Zahl der Clubregistrierten hochschießt. „Wahrscheinlich wächst auch die Dunkelziffer derer, die vor allem im Ausland ohne jegliche Clubbindung zu günstigen Konditionen mit Schlägern in Berührung geraten."

Schwarzzeichner wirken auf ihre Umgebung kraftlos und angespannt

Kommt das offiziellen Clubspielern zu Ohren, rümpfen sie schon mal über so genannte Wilde die Nase. Klopfen Clublosen und dubiosen Fernmitgliedern auf die Schulter und fragen nach der Gegenseitigkeit der Spielmöglichkeit. „Sicherlich finde ich das nicht komisch", sagt leicht verschnupft ein ordentliches Mitglied, das einen Haufen Geld für Aufnahmegebühr, Umlage und Jahresbeitrag auf den Tisch legt, „wenn anderen für kleines Geld das Spielrecht auf meinem Heimatplatz gewährt wird."

Wer kann, der kann? Und wenn nicht, sollte es jede Seite verkraften können. Platz ist eigentlich für alle da. Und ein Blick übern Zaun zeigt es. In den USA, in England und Schweden gehen sie vorbildlich vor. Ohne much Money and Connections erliegen Millionen Menschen der Faszination Golf. Zu fairen Greenfees heißt es auf unzähligen Anlagen: Gäste willkommen!

Achtung, Ansteckungsgefahr! Der Kontakt zu permanenten Bedenkenträgern und Haderern strengt an

Wer Dauernörglern nicht von vornherein aus dem Weg geht, ertappt sich häufig, wie er schnell ungeduldig wird und zumacht. Besonders an Tagen, an denen wir eh schlecht drauf, nervös, erschöpft und schon gereizt sind. Am sinnvollsten erweist es sich, Auffälligen bereits beim Auftauchen einen Korb zu geben. Negative Emotionen, schlechte Laune, miese Mimik und übertriebene Gestik übertragen sich schneller, als man glaubt. „Jeder tritt mal daneben, das passiert halt", stellt jemand nachsichtig fest. Die Verständnisvolle schwört darauf, ihre Hormone auf Vordermann zu bringen, indem sie einfach abwartet, nach dem Motto: „Tee trinken und lächeln." Ist das wahr? Lachen ist gesund? Kennt der Körper den Unterschied zwischen echtem und unechtem Lachen? Oder ist das Ganze Nonsens? In die Hände klatschen und im Lachrhythmus ha, ho, he, hi, hahahaha rauspusten. Oder Lachgeräusche simulieren, wie ein brüllender Löwe oder die Polizei im Einsatz: tatütata. Zugegeben, das klingt absurd, doch irgendwann schlägt es bei den meisten Menschen an und das Lachtraining wird zu echtem Gelächter. Belegt ist das alles nicht so richtig. Es gibt kaum wissenschaftliche Studien, die beweisen, dass Lachtraining für Herz, Lungen und Kreislauf heilsam ist. Ferner, ob künstliches oder heiteres Lachen auf die Gesundheit entlastende Wirkung haben kann.

Freundschaftliche Kontakte halten fällt schwer, wenn man sich selbst nicht leiden kann

Hoch die Tassen. „Hast du noch Sex oder ..." Nein, nein, nein, mit dem läppischen Spruch muss er uns nicht kommen. Zumal der Kerl zu den angesehenen Leuten der Stadt zählt. Wie er so in grauer Cordhose, schwarzen Air-Laufschuhen und dem Polohemd, das übers T-Shirt gezogen ist, vor einem steht, sieht er aus wie ein reifer Mann, der immer freie Tage hat. Obwohl schon etwas abgespannt und müde, empfindet er den Abend wie ein Heimspiel. Solange ihm nichts und niemand in die Quere kommt, solange ihn keiner überfordert, bleibt's angenehm. Aber schon die Angst, rüde angemacht zu werden, oder eine sich abzeichnende, noch offene Regelauslegung erzeugen bisweilen Anspannung. Die Hände werden feucht und das Herz klopft stärker. Mitunter verliert sich die Konzentration und energisches Kontern fällt schwer. Mit der Last im Kreuz kommt er nicht mehr in Fahrt und fühlt, die Stimmung kann jederzeit kippen. Plötzlich steht der Kraftstoffanzeiger auf Reserve und schon fängt der Motor an zu stottern.

Es ist schon eigenartig, dass mancher Mensch denkt, wenn er Mist macht: Beim nächsten Mal wird es schon wieder gut gehen

Kopfschütteln. Nach einem feuchtfröhlichen Clubabend setzt sich der Trinkfreudige ans Steuer und ein besorgter Freund sagt: „Nimm doch lieber ein Taxi." Er aber wischt den Rat selbstherrlich weg. Wenn nichts passiert, hat er nur unverschämten, unverdienten Dusel. Doch schon bei der nächsten Autofahrt kann's den Führerschein kosten. Na dann: Prost! Solange er nüchtern ist, leidet der Unverbesserliche. Auch an der Gemeinheit des Golfspiels. Obwohl er sich wie geschaffen für Golf fühlt. „Bis vor kurzem hat mir der Sport nur Freude gemacht." Anfangs katapultierte ihn seine aggressive Spielweise zum Crack im Club. Plötzlich sackte er ab. Hass, ein schlechter Antrieb, machte sich breit. Ließ ihn brutal auf den Ball prügeln. Seine gewalttätige Art zu spielen verstörte ihn selbst. Erst näherte sich Bruder Leichtsinn, dann überwog das Böse. Rücksichtslose Selbstanklage verhinderte Balance. Stärke und Halt fehlten. Kein Schlichter weit und breit konnte den so Getriebenen aus dem Jammertal retten. Höhnisch zog er über sich her: „Wer so spielt, verdient die Höchststrafe, gehört erschossen."

Wer sich durchwegs am Glas festhält, trinkt mehr, als wenn er's gleich wieder abstellt

Wenn Golfer in die Jahre kommen, kriegen sie mitunter einen selbstmörderischen Durst. Sind sie promillefrei, besteigen sie schwere Harley-Davidson-Maschinen oder leichte Mädchen, die gut ihre Enkelinnen sein könnten. Alkoholtrinker rutschen unbemerkt in die Sucht. Wer sympathisch auftritt, wird gern zu einem Drink eingeladen und gerät rasend schnell zu einer festen Größe: It's Partytime. Alle trinken, wie soll man sich da zurückhalten? Der Drink gehört dazu und jeder, der sich am Glas festhält, genießt leicht übers vernünftige Maß hinaus. Anfangs sind es noch Kater, bald werden es Aussetzer, irgendwann bricht das Erinnerungsvermögen weg. Auf Dauer wirft das selbst stärkste Bären aus der Bahn.

Alles halb so schlimm, gute Gedanken können wieder aufrichten? Leider läuft es so glatt, also anstrengungslos, weder im Golf noch im Leben. Beides ist reich an Ablenkungen, Konflikten und Widersprüchen. Und arm an Gewissheiten. Und ein „Alles im Griff", „Das schaffe ich ganz bestimmt!" und „Überhaupt kein Thema" fördert eher zusätzlich Druck zu Tage. Hilfreicher und ohne unterschwelligen Zwang funktioniert es mit „Mal sehen ...", „Eins nach dem anderen" und „Ich versuch mein Bestes".

Körperlich und geistig ausgepumpt greifen negative Gedanken leichter. Geschöpfe, die sich von Natur aus nur kurzzeitig „down" fühlen, halten herunterziehende Phasen besser in Schach. Doch selbst Glückskinder kennen Hänger. Müssen ebenso mal Trauer, Einsamkeit und Unlust verkraften. Dunkle Wolken voller Sorgen und Ängste bewegen jedes Gemüt. Tief im Inneren brodelt und rumort es. Natürlich offenbart sich das Niveau des Stimmungsspektrums unterschiedlich. Je nach Vorbelastung durchs Erbgut können aber Erfahrungen den Einzelnen rascher wieder in positive Gefilde treiben.

Kein Tag, keine Runde und keine Gespräche bestehen nur aus Spannungen, Spitzen und Schärfen. Im Nachhinein verschwimmen düstere Wolkenwände oft genauso schnell, wie sie gekommen sind. Irgendwie bleibt meist wenig Schauriges nachhaltig haften. Der Wille, aus Fehlern zu lernen, prägt das Verhalten: erfahrungsgesättigt, aber noch lange nicht satt.

Lächeln: die beste Methode, dem Gegenspieler Biss zu zeigen

Entspannungstechniken unterstützen unsere Bemühungen. Vieles, was Erleichterung aus schlechter Stimmung verschafft, ist eigentlich vertraut: Atmungs-, Bewegungs-, Musik-, Ernährungs- und Erholungsweisen kennt jeder reichlich. Auch, dass manche Menschen zur Regeneration den Rückzug wählen, sich eine Auszeit gönnen, die Decke über den Kopf ziehen und Abstand gewinnen wollen, wissen wir.

Wer seine Zufriedenheit trainiert, merkt schnell, wie er ungute Gefühle rascher auslebt und sich Platz freihält für wohlige Gedankengänge

Zu diesem Thema hält der Buchmarkt einen Wust von Literatur bereit. Von der Psychoschwarte über Seelenschwinger bis zum Happymacher als Hörbuch. Glaubt man der Werbung, scheinen Einheitsrezepte in Sachen „Fit for Fun", „Wie man Freunde gewinnt" und „Simplify your Life – jetzt mit neuen Tipps und Ideen" für lebenslangen Halt und Umgang zu sorgen. Doch die meisten Leser scheitern bereits nach ersten Versuchen. Weniger wegen der mitunter vorzüglichen Lektüre, hauptsächlich wegen der Zwänge von außen und der fehlenden Bereitschaft von innen. Seelisches Wohlbefinden will liebevoll gesät werden. Auf die Schnelle wächst nur Klägliches. Unter widrigen Lebensbedingungen erstickt jeder Ansatz im Keim.

„Für Freunde brauch ich Zeit!" Sich mit Menschen zu treffen, die man mag, mit ihnen zu reden, gar zu reisen und zu streiten verschlingt Kraft. „Die fehlt mir dann", sagt einer, der sich am liebsten allein durchschlägt. Steppenwolf. Einzelkämpferschicksal. Jeder soll sich so entfalten, dass er souverän und stark auftreten kann. Oft hilft Übung, zu ersetzen, was an Begabung zu einer langen Beziehung fehlt. Kaum Freunde haben lässt oft auf eigene Unzulänglichkeiten wie übertriebenes Gefühlsgetue oder Abwehr schließen. Wie jede Pflanze will auch Freundschaft gehegt und gepflegt werden. „Die Freundschaft ist neben der Liebe das nicht minder bedeutende Gefühl, dessen jeder Mensch bedarf, andernfalls nimmt er Schaden an seiner Seele. Liebe und Freundschaft sind die beiden Güter, die den Armen zauberhaft bereichern und deren Mangel den Reichen bitter darben lässt." Des Schriftstellers Heinz G. Schwiegers Gedankengut zu seinem „Eines Freundes Freund zu sein", dringt tief. Keine Frage: Sich Freunde gönnen, steigert die Wohlfühlkondition.

Nicht nur unter Freunden: Vergleiche vermeiden, auch nicht die Vergangenheit mit der Gegenwart

Einen Freund, eine Freundin anrufen, treffen und sprechen, um sich Stress von der Seele zu reden, hilft, früh Spannung abzubauen

Was sind wahre Freunde? Schwestern und Brüder im Geist! Ziehen sich Gegensätze an? Anfangs scheint es so. Tatsache aber ist: Je länger eine Beziehung gehalten hat, desto mehr war auszumachen, dass die Freunde auf der gleichen Welle liegen. Gleich und gleich gesellt sich gern. Je ähnlicher die Ansichten, Verhaltensweisen und Wertvorstellungen ausfallen, die Freunde von sich und vom anderen haben, desto positiver bewerten sie ihre Beziehung. Glückliche Ehepaare lassen grüßen. Das Vorhandensein von ähnlichem Gedankengut schweißt zusammen. Macken empfinden wir beim Freund weniger schlimm, denn so, wie er ist, schätzen und mögen wir ihn.

„Es ist besser, Genossenes zu bereuen, als zu bereuen, dass man nicht genossen hat"

Giovanni Boccaccio

Stichwort

Wohl dem, der Freu(n)de hat

Freundschaften schließen und respektvoll mit ihnen umgehen

Keine Seite darf sich weder überwältigt noch hilflos ausgeliefert fühlen. Jeder kann sich großzügig, freundlich und verbindlich zeigen.

- Vieles wird im Zusammensein als anspruchsvoll empfunden
- An die meisten Treffen erinnert man sich gern
- Keiner sollte sich benutzt fühlen
- Jeder hat sich vom Glauben verabschiedet: Da draußen gibt es noch wesentlich bessere Freunde

Schlechte Laune vertreiben

Was raten wir einem Freund, aber auch uns selbst, wenn das Stimmungsbarometer tief fällt? Oder anders ausgedrückt: Was tut nie gut?

- Mürrisch, ungeduldig und gereizt zu sein, ebenso ständig nachzugrübeln und lauter unnütze Gedanken zu haben
- Zu viel Fernsehen glotzen oder im Internet surfen stört Networking
- Kontakte halten fällt schwer, wenn man sich selbst nicht leiden kann
- Sich keine Ruhe, Muße und Regeneration zu gönnen

Gute Laune pflegen

Mehr Leichtigkeit des Seins kommt auf, wenn man seine Stärken kennt.

- Bewegung hebt die Laune. Musik, Schlaf und gute Gespräche ebenfalls
- Weniger nachbohren. Alles muss man nicht hinterfragen
- Weniger emotional auf Giftmischer, Schwarzseher und Zauderer reagieren, keinen Rückblick im Zorn zulassen
- Ohne zu zögern, schöne und reizvolle Einladungen von liebenswerten Freunden zusagen
- In vergnügter Gelassenheit und aus vollem Hals: Ja zum Leben und zur guten Laune sagen

Wer hat den Bogen raus?

Angeschlagen oder Anschluss verpasst? Höchste Zeit zum Handeln! Guter Pro, schlechter Pro, junger Pro, alter Pro, was macht überhaupt den Unterschied aus? Golflehrer tun sich oft schwer mit dem Unterricht. Wie finde ich trotzdem für mich den richtigen, möglichst für immer?

Auf der Driving Range geht's zu wie auf dem Jahrmarkt. Es wird laut gesprochen und gelacht. Ein paar junge Spieler lungern um den Ballautomaten rum. Warten, bis Unerfahrene vom Einsteigerkurs Münzen einwerfen, ohne vorher ein Körbchen unter den Ballauslauf zu setzen. Springen dann die Bälle frei umher auf den Steinplatten, hebt das ungemein die Stimmung. Andere schauen anderen beim Üben über die Schulter. Nicken persönlich Bekannten nach gelungenem Schlag anerkennend zu. Manche grinsen hämisch, wenn ein Ball gehackt oder verzogen wird. Bei kaum einer Sportspezies wird so viel Wert auf Schwungtechnik gelegt. Doch häufig sind die „Schläger" schnell von der Rolle, weil sie sich schon vor dem Schlag mit Gedanken verrückt machen, was alles danebengehen könnte.

Technik und Trainingsneurose – wildes Schwunggefuchtel endet in der Sackgasse. Sprüche wie „Ich versuch's mal" oder „Ich muss jetzt" treiben ehrgeizige Golfspieler fieberhaft an. Starker Leistungswille und der tiefe Wunsch nach Verbesserung sind nichts Schlechtes. Doch meist bleibt's beim Versuch oder führt der Vorsatz zu Verkrampfung.

Je öfter ich mir einen Pro leiste, umso mehr stärkt es mein Selbstbewusstsein – solange die Stunde Leichtigkeit und Spaß an der freien Bewegung vermittelt

Riedhof, nahe Wolfratshausen

Wenig opportun geben sich Hyperehrgeizlinge, die schlechtes Spiel mit Übereifer kompensieren wollen. Bei manch durchaus Begabten ist die Bereitschaft vorhanden, ihr Spiel nach vorn zu peitschen: Schwungrhythmus entsteht dabei nicht. Eher zerstört Hektik das Grundvertrauen. Mitunter nerven diese Typen ihr Umfeld fürchterlich. Beglückt erzählen sie ständig nur von ihrer biomechanisch optimierten Grundstellung am Ball, wie weit sie schlagen und wie super sie ums Grün spielen. Meist sind sie unbeliebte Außenseiter, die Erfolge um ihrer selbst willen begehren, weniger aus einem sportlichen Impuls.

Schwungrhythmus braucht Ruhe, nicht Übereifer

Fürchterlich frustriert, weil wenig talentiert? Angst zu versagen beherrscht ihr Spiel. Ebenso die Erfahrung, dass es Golfer gibt, die schneller weiterkommen. Die es mit minimalem Aufwand binnen kurzer Zeit zu beträchtlichem Spielvermögen bringen. Aufgestachelt von zahlreichen Tipps aus Fachzeitschriften und dem Freundeskreis, die versichern, dass eigentlich alles ganz einfach ist, sind sie überzeugt, ihr Pro könnte was übersehen haben.

Trotz unzählig geschlagener Bälle und zahlreicher Ratschläge fühlen sie sich verwirrt und wähnen sich im Rückwärtsgang. Die so Betroffenen neigen nicht selten dazu, ihren Körper zu überfordern, kriegen Probleme im Kreuz oder Knie und überdehnen Bänder.

„Ich bin ein fauler Sack", bekennt ein Spieler freimütig. Spieler dieses Kalibers machen einen großen Bogen um jeden Übungsplatz. Bei ihnen dominiert der Irrglaube: Trainer und Trainieren sind für tief greifende Verbesserungen nicht notwendig. Pantoffelgolfer reifen auch nicht durch stundenlanges Zuschauen im Golfkanal oder durch regelmäßiges Schmökern in der Fülle von Fachliteratur. Theoretikern des grünen Sports, die fast alles wissen, fällt es schwer, selbstkritisch aus Fehlern zu lernen und überfällige Korrekturen vorzunehmen.

Gerade Anfänger zieht es meist schnurstracks zum Abschlag. Viele Einsteiger fühlen sich besser, als ihr Pro sie einschätzt. Treffen sie halbwegs den Ball, wollen sie kaum noch ihre Technik optimieren. Obwohl zu Beginn einer jeden Golflaufbahn einfach das Golf-Abc gepaukt werden muss und üben, üben, üben das einzig Wahre ist. Für ernsthafte Fortschritte hat sich die Faustregel bewährt: zweimal in der Woche auf die Range gehen, einmal übern Platz.

Wir haben eine Anzahl Spielertypen kennen gelernt und wenden uns jetzt den Pro-Profilen zu

Stressfreies Lernen geht nicht

Viele Golfer haben auf hemdsärmelige oder kollegiale Pros gesetzt – und verloren. Denn vor Schwätzern muss man sich schützen. Wie kann der Sportsfreund den für ihn richtigen Pro finden? Worauf sollte er in Zukunft achten und wie kann er sein Geld gut anlegen?

Schwankt der Golflehrer zwischen Strenge und Nachgiebigkeit, leidet der Schützling im Wechselbad der Gefühle. Etwas mit Druck durchzusetzen ist kein Fehler. Wer es versteht, Wünsche des Schülers charmant zu begrenzen, um seine Ziele als Trainingsleiter zu verwirklichen, übt Autorität aus. Vermittelt er zudem Wissen, wächst das Selbstvertrauen des Spielers.

Bis ins letzte Detail wird bei manchen das Schwungverhalten standardisiert. Klemmt allerdings der Schwung des Schülers, hat es zur Folge, dass solche Pros ziemlich viel herumdoktern. Das dauert und kostet – Euros und Zeit. Dabei ist gar nicht gesagt, dass alles vom Schwung kommt. Schon oft hat das ausführliche Gespräch eines Golflehrers mit Fingerspitzengefühl eine Menge bewirkt. Viele Pros fixieren sich bei ihrer Arbeit ausschließlich auf die Schwungtechnik, statt nach wüstem Gehacke auch was für Nerven in Not anzubieten.

Wer sagt eigentlich, dass Unterricht grundsätzlich auf der Übungswiese stattfinden muss? Warum nicht häufiger auf dem Platz. Da, wo es bekanntlich drauf ankommt. „Hier bin ich richtig stark geworden", seit Jahren zieht ein Golffreund mit seinem Pro einmal in der Woche übern Golfkurs. Die Betreuung beim Spiel auf dem Platz wirkte. Selbstverständlich wurden danach die Spieltechnik per Video analysiert, Stra-

Wenig Zeit, variabel üben: Spielzüge simulieren. Niemals denselben Schlag zur gleichen Stelle spielen

Driving Range am Tokio Tower, Japan

tegiefehler auf der Tafel nachvollzogen und übers Handicap im Kopf gesprochen. „Ich habe aus kapitalen Fehlern gelernt und mein Selbstbewusstsein gestärkt. Mein Pro hat sich aus der Rolle des Allwissenden verabschiedet, mitgespielt! Auch sein Ball landet mal in miserabler Lage, aus der er dann kleinlaut Befreiungsschläge vorführt."

Der eine Pro ist zu jung, der andere zu alt. Über die Ansichten, wie viele Jahre der Golflehrer auf dem Buckel haben soll, wird gern gestritten. Natürlich geht die Tendenz zum reifen Pro, weil „aus Erfahrung gut". Muss Reife mit einem Mindestalter verbunden sein? Ist nicht die Lernkurve, die jemand hinter sich hat, wichtiger als die Anzahl der Lenze? Gibt es nicht, wie in allen Bereichen, begabte junge Menschen, die es einfach draufhaben? „Der hat Biss, legt großen Wert auf Disziplin und geht viel unvoreingenommener an Dinge ran. Visionen, von denen er überzeugt ist, vertritt er leidenschaftlich", stimmt ein einstelliger Handicap-Senior eine Hymne auf seinen Jung-Pro an.

Doch die Praxis lehrt, dass ältere Lehrer Lebensweisheit gesammelt haben, die für Schüler hilfreich ist. Ältere Pros sind meist sesshaft, weniger wie Junge auf dem Karrieresprung. „Wenn es bei einem jungen Pro mal mit Verantwortlichen im Club knirscht, ist er doch weg!" Zurück zu den Alten. Sie begleiten ihre Schüler eine lange Strecke ihrer

Golflaufbahn, geben ihre Eindrücke und Kontakte weiter. Allerdings fällt den Erfahrenen der Umgang mit Widerspruch nicht immer leicht. Sie sind oft in hierarchischen Strukturen aufgewachsen und gewohnt, sich nach klaren Anweisungen zu richten – und erwarten dies auch von ihren Schülern.

Auch „alte Hasen" haben mitunter neue Ideen

Ein alter Haudegen berichtet: „Er hat es auf Anhieb verstanden, mich richtig anzupacken. Meine Leistung schnellte in die Höhe. Mit seiner Hilfe, die auf einem breiten Fundus von Erfahrungen fußt, schaffte ich es zum ersten Mal, die Achtzig zu knacken. Ein Spaziergang war es nicht. Ein hartes Jahr lang gingen wir den staubtrockenen Stoff zum wiederholbaren Schwungfluss durch, ohne dass er mich in einer Flut von Informationen absaufen ließ. Die Schubkraft für die achtundsiebzig auf der Scorekarte kam aus der tiefen Gewissheit: Wir kriegen das hin!"

Nix verstehen! Im Golf gehören Anglizismen zur Tagesordnung. Doch dass man Golf am besten von Pros aus dem Mutterland lernt, ist ein Ammenmärchen. Denn klappt die Verständigung nicht, geht auch nichts voran. Auch ein noch so versierter Teacher kann mit Gestammel, Gefuchtel und bruchstückhaften Kenntnissen der deutschen Sprache nicht viel ausrichten.

Laut, pampig und schlampig? Pros, die Fehler ihrer Schützlinge mit Augenverdrehen, Kopfschütteln oder Wegdrehen quittieren, sind indiskutabel. Wenn sie dann noch zu viel reden, sodass Schüler kaum eine Chance haben, Fragen loszuwerden, und wenn sie Schwächen von Schülern ausplaudern, ist Rückzug geboten.

Unsere Club- und Heimat-Pros kennen wir jetzt. Aber da gibt's noch Akademien, Gurus, gute Freunde ...

Nach wiederholtem Unterschlagen mit dem Driver empfiehlt der langjährige Freund: Steck doch beim nächsten Mal das Tee tiefer in den Boden. Klingt logisch, denkt sich der verzweifelte Golfer. Gesagt, getan. Aber das Problem verstärkt sich. Jedes Nach-unten-Schlagen führt zu höheren „Kerzen“, wie Golfer unbeabsichtigte extrem hohe und kurze Drives bezeichnen. Kompetente Profis dagegen raten beim Unterschlagen: Ball hoch aufteen und auf einen flacher Eintreffwinkel des Drivers achten, was auf Anhieb klappt. Bedingt durch den langen Schläger und den flachen Schwung, gelingt ein weites Takeaway.

Einmal im Teufelskreis eines langen Formtiefs, fällt man leicht auf Windiges herein

Alle Jahre wieder offenbart sich ein anderer Freund als Nervensäge. Wo ist endlich der Golfgelehrte, der sein Potenzial vollständig ausschöpft. Schon viele verschliss der Besessene. Irgendwann spürte er freilich, dass es nicht genügt, gängige Adressen zu kennen und Reisen zu buchen: Er fing an, Freunde und Bekannte, bei denen ein Lehrer was bewegte, zu löchern. Er sucht den Pro, der fein ziselierte Unterrichtskonzepte anbietet, die wenig gemein haben mit starren Vorgaben. Alle, wirklich alle, die je mit einem Golfball in Berührung kamen, werden nach Lehr- und Lernmethoden befragt. Manche antworten wie aus der Pistole geschossen, andere grübeln und bitten um Bedenkzeit. Wer will schon gern zugeben, den Verlockungen, Vertuschungen und Versprechen zweifelhafter Gurus erlegen zu sein.

Hurra, die Post ist da! Per Postwurfsendung eilt dem Hobbygolfer ein viel versprechendes Angebot einer Golfklinik zu Hilfe. Er ist begeistert vom wissenschaftlichen Charakter des Instituts und den zehn Crashstunden. Mit dem Gefühl, nun in Kürze einen ganz besonderen Schwung auszuführen, geht er an die Sache heran. Spirituell angehauchte Lehrer versichern wiederholt, Golf sei ein Kinderspiel. Doch der Unterricht der gewieften Geldmacher entpuppt sich schnell als unsinnig und der gehaltvolle, farbenprächtige Prospekt als Mogelpackung. Es nützt einfach nichts, wenn ein Angebot schön aufgemacht oder ein Golflehrer nur nett ist, aber keine nachvollziehbaren Schritte vermittelt werden können. Der nächste schillernde Hochglanzprospekt, der ins Haus flattert, landet gnadenlos im Papierkorb. Seriösere Angebote müssen her. Riesige Zeitungsausschnitte, Preise und Pokale – sind sie Zeugnisse von Qualität? Mit langem Atem haben sich Trainer von Tourspielern oft einen wohlklingenden Namen gemacht. Gewöhnliche Kursteilnehmer tun sich freilich schwer, je die

Lippenbekenntnisse können nichts bewegen, solange kein gemeinsames „Wir wollen ..." dahinter steht

Costa Teguise, Lanzarote, Kanaren

Nähe des Golfgroßmeisters zu erreichen: „Ich habe den berühmten Boss nie persönlich zu Gesicht bekommen, musste mich mit seinen Gehilfen begnügen." So mancher fühlt sich da übervorteilt. Trotzdem schwören noch genügend Golfer auf big Names. Haben wirklich mehr Zutrauen nach einem Schnellkurs beim Meistermacher. Doch ohne ihn oder einen seiner Gesellen im Nacken verfällt der Lehrgangsteilnehmer schnell wieder dem alten Schwungraster. Schon nach ein paar missratenen Schlägen vergisst er, was im Schnellverfahren gelehrt wurde.

Bei Coaching besteht die Chance, mentale Stärke zu entwickeln und individuelle Höchstleistung zu erreichen

Um ganz vorn dabei zu sein, schwören Cracks heute auf umfangreiches Coaching. Techniktrainer, Mentallehrer und Physiotherapeuten ziehen auf der Tour der Professionals mit. Coaches waren ursprünglich im Sport Betreuer und Berater, Mut- und Muntermacher. Im Golf feilen sie längst nicht nur an der Technik. Von der Vorstellung, dass Coaches nur Quicktipp-Korrekturmaschinen im Pannenfall Kofferträger oder Pausenclowns sind, verabschieden wir uns endgültig.

Couch oder Coach? Coaching hat nichts mit Psychotherapie zu tun, die die Heilung der Persönlichkeit im Blick hat. In der Regel stochert ein Coach nicht in der Vergangenheit herum. Seine Arbeit ist zukunftsorientiert und immer im sportlichen Kontext, der den Spielern Hilfe zur Selbsthilfe sein soll. Denken und Handeln während der Runde werden regelmäßig auf den Prüfstand gestellt. Verlässt der Spieler, weil er sich zu viel mit anderen Dingen beschäftigt hat, seine ideale Linie, versucht der Coach im Gespräch herauszufinden warum.

Coaching heißt: miteinander Ziele erreichen

Vorsicht vor Scharlatanen. Prinzipiell darf sich jeder Mentalcoach nennen. Es gibt weder Qualitätsstandards noch vorgeschriebene Ausbildungslaufbahnen. Die Berufsbezeichnung ist nicht geschützt, ebenso wenig wie die des Golflehrers. Drum prüfe, wer sich bindet. Um nicht an einen krummen Hund zu geraten, sprechen wir klugerweise mit mehreren – und vergleichen. Im Vorgespräch soll jeder seine Vorgehensweise erläutern. Auch ob er schon über Erfahrungen verfügt in vergleichbaren Fällen und welche Ausbildung er wo und wie lange genossen hat. Selbstverständlich hilft bei Kursangeboten ausführliches Befragen bisheriger Teilnehmer.

Und last but not least

Aussichtsreich lernen von Champions? Grundsätzlich ja. Grundverkehrt ist es allerdings, ihren Schwung und ihre Spielart zu kopieren, getreu dem Motto: Von Siegern lernen heißt siegen lernen. Unsinn! Lasst uns Originale bleiben, Kopien gibt es genug. Dennoch ist es legitim, alles zu versuchen, die vorhandenen persönlichen Möglichkeiten auszuschöpfen, das Lernen ernst zu nehmen und für sich das Beste herauszufinden.

Der beste Lehrer ist jener, der sich nach und nach überflüssig macht

George Orwell

Stichwort

Wer hat den Bogen raus?

Keine Lernzeit verplempern

Jeder, der Golfunterricht voller Elan beginnt und viele Stunden, Geldscheine und Leidenschaft investiert, fragt sich irgendwann: Lohnt sich der Stress? Bin ich beim Besten. Wie kann ich das testen?

Der Pro, der sein Geld wert ist

- Trifft Vereinbarungen, um gemeinsame Vorhaben – was wollen wir erreichen? – zu realisieren
- Berücksichtigt Handicap-Verbesserung oder Wünsche nach mehr Weite
- Türmt neu Erlerntes methodisch und abwechslungsreich auf Bestehendes
- Dosiert individuell: Lob, Kritik und Lerntempo
- Bezieht in den Unterricht das Video ein und berücksichtigt Computeranalysen. Bildet sich fort, besucht zum Beispiel PGA-Seminare und tauscht sich mit Kollegen aus
- Packt tief eingegrabene Schwungweise schonungslos an
- Flößt gesundes Selbstvertrauen ein, möglichst mit Gefühl und Geschichten
- Fragt regelmäßig den Spielstand ab, würdigt Leistungen, ermuntert und freut sich mit bei glänzenden Resultaten
- Man überprüft in abgesprochenen Zeitabständen gesteckte Ziele: Jeder will wissen, was er erreichen kann!

Der Golfer mit Lust auf Leistung macht mit

- Gleich vorneweg: Es gibt keine bequemen Lösungen und kein ganz stressfreies Lernen
- Verrät sein Traum-Handicap, besiegt den inneren Schweinehund und bucht feste Zeiten über die Saison
- Ist kooperativ, verträglich und akzeptiert den Pro als Experten
- Erscheint regelmäßig ausgeschlafen, rechtzeitig und eingeschlagen
- Ein Muss: neu Beigebrachtes bis zur nächsten Golfstunde trainieren
- Pflegt einen respektvollen Umgangston und sagt zum Beispiel früh genug ab, wenn ein Termin nicht eingehalten werden kann!

Man muss nicht jede Golfmode mitmachen. Aber Kleidung mit Wohlfühleffekt entspannt die Haltung

Was steckt in der Tasche?

Was sagt die Golftasche, mit der wir über den Golfkurs ziehen, über uns aus? Mehr als uns lieb ist? An gut gemeinten Ratschlägen für die angeblich ideale Ausrüstung mangelt es nicht. Aber längst nicht alle erweisen sich als praktikabel für die persönliche Spielstärke und das eigene Erscheinungsbild. Was schlau ist und was nicht, schauen wir uns näher an

Die Schläger blitzen in der Sonne, stehen in Reih und Glied. Die Tasche auf der Karre gehört einem erfolgreichen Golfer. Er gilt als gewissenhaft, diszipliniert und nicht sehr enthusiastisch. Entspannt zieht er los, überzeugt, dass sein sorgfältig ausgewähltes Equipment und das liebevoll ersonnene Ordnungsprinzip ihm Spielqualität im stundenlangen Spannungsfeld des Sports bescheren. Ein Blick und man kennt sich aus. Wer Ordnung hält, sein Leitspruch, verschafft sich ein angenehmes Gefühl, vertrödelt keine Zeit und verliert nicht die Nerven bei überflüssigen Suchaktionen. Jedes Schlägerblatt kehrt nach dem Einsatz erst an seinen festgelegten Platz zurück, wenn es mit dem feuchten Handtuch, das an der Außenseite des Bags hängt, gesäubert wurde. Das gründliche Putzen auf dem Platz oder der Übungswiese rundet sein bedachtsames Ritual ab.

Genau das Gegenteil bei einem anderen Mitspieler: An seinen Schlägersohlen kleben dicke Gras- und Dreckspuren. Zeichen heißer Schlachten. Nach dem Prinzip Chaos stecken Eisen und Hölzer ungeordnet in der Golftasche. Sicher ist der Besitzer flippig, nein, sagen wir unkonventioneller Natur, fantasievoll, leidenschaftlich und mitteilungsfreudig. Das Etikett für den menschlichen Typ just for Fun könnte dafür passen.

Kästchendenken? Alles muss seine Ordnung haben? Inhalte wecken Assoziationen. Ob die Eindrücke zutreffen, gar Schlüsse auf den Charakter hervorlocken, sei dahingestellt. Doch selten spielt einer von den allzu lässigen Golfschlümpfen oder Schwarzfüßen erfolgreich und mischt ganz vorn mit. An der Spitze geht keiner leichtfertig mit dem Ball um. Schlag für Schlag werden sauberer Ballkontakt, berechenbare Distanz und Ausrolllänge, die bekanntermaßen entscheidend vom Spin abhängt, verlangt.

Alles verbannen, was sich auf der Runde nicht bewährt hat

Bestimmt laufen auch Mischmaschspieler herum, die von beidem etwas in sich tragen. Einige von ihnen haben den Hang, erst am 1. Abschlag, wenn Mitspieler gerade ihren Ball ansprechen, die Golftasche nach Tees, Bleistift oder Ersatzball zu durchsuchen. Ohne böse Absicht – versteht sich. Manche mutieren gar zu Putzteufelchen. Versuchen, ihre Schläger mit Spucke blank zu kriegen, oder zupfen wild an allem, was ihnen in die Finger gerät.

Viel Ärger versiegt, wenn wir rechtzeitig vor der Runde die Tasche entmüllen, sorry entleeren, die Schläger reinigen und alles mit System stecken, hängen und verstauen. Zuvor stellen wir lieb gewonnene Gewohnheiten in Frage, verzichten auf Lästigkeiten wie Schlägerkopfhauben, die schnell mal auf den Boden fallen oder unterwegs verloren gehen. Entweder gleich in den Kofferraum damit oder nach dem Einschlagen in die Golftasche. Die Köpfe, selbst empfindliche Schäfte und Putterköpfe mit Kunststoffeinlage überstehen das sicher. In der schräg auf der Karre liegenden Tasche oder in dem vor uns aufgebauten Bag stecken Putter und kurze Eisen unten, die Köpfe der mittleren Eisen darüber. Die oberste Reihe ist für lange Eisen und Hölzer reserviert. Der Sinn des Ganzen: Köpfe schlagen und scheppern beim Gehen nicht ständig gegeneinander.

Was im Büro überfüllte Ablagen sind, sind prall gefüllte Golftaschen auf der Runde. Sie platzen schier aus den Nähten. Bevorzugt in Breitengraden, in denen Wetterwechsel alltäglich sind. Doch wer sich mal zur Ordnung durchgerungen und mit ihr angefreundet hat, lichtet erfahrungsgemäß auch das Durcheinander in anderen Lebensbereichen. Ist alles übersichtlich nach Einsatzhäufigkeit, Wetterlage, Hunger und Durst in Fächern geordnet, verläuft vieles reibungsloser ab.

Schlägerreihen und Seitentaschen eindeutig zuordnen

Wertvolles, wie Autoschlüssel, Brieftasche und Schmuck, erhält ein eigenes Seitenfach. Damit stellen wir sicher, dass bei Suchaktionen nach Ball oder Tee dieses häufig gefütterte Fach im Eifer des Gefechts nicht offen bleibt. Bei aller Ordnungsliebe: Drops, Hansaplast, Nagelschere, Schnürsenkel, Lesebrille bis hin zum Bildchen von der Liebsten oder dem Liebsten finden unten in einem Extra-Kruschfach ein Zuhause. Das soll auch den Ordnungsskeptiker ermuntern mitzumachen. Erstaunlicherweise gesteht der ganz nebenbei, dass er die Last los ist, sich als ein unordentlicher und somit schlecht erzogener Mensch zu fühlen: Gut Aufgeräumtes verschafft Seelenfrieden – wenn es da nur nicht diese Rückfälle gäbe.

Mancher Schläger mogelt sich lange durch. Eigentlich ist er seinem Besitzer von Anfang an suspekt. Der hat mächtig Angst, ihn aus der Tasche zu ziehen. Kaum ausreichend trainiert und wenig bewährt, belastet er mehr, als er nützt. Dennoch schleppt der so lala Golfer stur das schwer beherrschbare 60-Grad-Wedge oder den 8-Grad-Driver in der Tasche herum. Obwohl die dringend Luft bräuchte. Die erlaubten 14 Schläger stecken viel zu dicht beieinander.

Bevor es losgeht, kommt der Bag-Check. Besonnen packen wir unser „Besteck" entsprechend Fähigkeiten, Golfplatz und Wettervorhersage zusammen. Schlagweiten in Flug- und Ausrolllänge an kalten, nassen und trockenen Tagen liegen vor. Rechtzeitig vor jeder Runde wird das Material gecheckt. Schlägern, zu denen derzeit ein gestörtes Verhältnis herrscht, fliegen raus. Schläger, die für vertrauensvolles Spiel stehen könnten, kommen rein.

Steht die äußere Ordnung fest, die zur inneren Ordnung führt, kreisen die Gedanken um die persönlich beste Beförderungsweise

Golfer wollen immer leichter und luxuriöser zu Werke gehen

Tragen, ziehen oder laufen lassen? Mit dem technischen Fortschritt bei Trolleys, so werden die Golfwagen offiziell genannt, schlichen sich neue Betriebsstörungen ins Spiel. Weniger bei mechanischen, mehr bei Hightech-Varianten. Mitunter anfällige Ausführungen zerren an den Nerven der Betreiber: Sie bremsen den Spielfluss oder bleiben schlagartig stehen. Verzweifeltes Fummeln an Schaltern, Verbindungen oder Fernbedienung hilft nichts: Der Saft ist alle. Batterie laden, einbauen, ausbauen, warten und pflegen, das hält häufig weit über Gebühr auf.

Selbstverständlich bringen einwandfrei funktionierende Elektrowagen in Berglagen und auf weiten Strecken spürbare Erleichterung. Ob die Investition der fahrbaren Untersätze, von denen einige aussehen wie orthopädische Fahrstühle, den Freizeitwert steigert, wagen wir nicht zu sagen. Die Frage stellt sich ebenfalls bei zweisitzigen Golfwagen. Ihr kommerzieller Einsatz garantiert jeder Spielklasse rasante Rundenzeiten. Je mehr Greenfee-Spieler mit Carts, so heißen die Dinger fachsprachlich, über den Course jagen, desto höher fällt der Profit für die Company aus. Der Fitnessfaktor ist allerdings gering: Fahrer von Elektro- oder Benzinwagen verbrennen weit weniger Kalorien, als wenn's nach dem Motto „so weit die Füße tragen" abläuft. Sensible verlieren in den ach so bequemen Fahruntersätzen ihren lieb gewonnenen Rhythmus, der auf genügend Zeitabstand zwischen den einzelnen Schlägen beruht. Ihren Score zieht das eher hoch statt runter.

Golfkarre mit Muskelkraft ziehen, bevorzugt mit der Lieblingshand, fährt auch schon mal ins Kreuz. Um dem entgegenzutreten, raten Physiotherapeuten, möglichst aufrecht zu gehen und die Karre mit

Sie kommen oft zu kurz: Zugmaschinen. Links ein moderner Elektro-Caddie, der für mehr Komfort auf dem Course steht

Beuerberg, Gut Sterz nahe München

beiden Händen gleichmäßig hinter sich herzuziehen. Oder öfter die Führungshand zu wechseln, damit der Rücken keiner einseitigen Belastung ausgesetzt wird.

Tasche schleppen schlaucht, keine Frage. Die meist leichte Tragetasche, bei der Standbeine ausklappen, hilft neben körperlichem Energieverbrauch vor allem Wege sparen. Geschultert braucht man keine Abschläge oder Grüns mehr zu umgehen. Wenn auf dem Platz wenig los ist, kommt man schneller über die Runde. Wer meint, auf Reisen samt und sonders Cart- oder Karrengebühr sparen zu können, und die Golftasche ungewohnterweise kilometerlang selbst trägt, läuft Gefahr, sich ruck, zuck eine Zerrung oder einen Hexenschuss einzufangen.

Welche Beförderungsart jeder für seine Golftasche favorisiert, entscheiden Geldbeutel, Golfkurs und die persönliche Einstellung zum Sport. Vor einer übertriebenen Reduktion auf das Wesentliche sei freilich gewarnt. Wer zum Beispiel seine Trageriemen von der Golftasche entfernt hat, kriegt ein Problem, wenn seine Karre den Geist aufgibt oder gar auseinander kracht. Geschultert lässt sich die Tasche einfacher tragen als am Griff oder wie ein Riesenbaby vor der Brust.

Steckt tatsächlich das Schlägerset im Golfbag, das uns liegt – oder sehen wir uns sinnvollerweise nach was Neuem um?

Modellvorstellung. It's the talk of the season. Die neuen Schläger schwingen fast von allein. Werbung sagt plakativ, womit wir künftig kontrollierter und konstanter schlagen können und wo's langgeht. Für jeden Spieler hat die Werbung bei Flaute im Spiel scheinbar eine passende Lösung parat: Die Kaufhungrigen tauchen in ihre Genusswelt ein und glauben, gleich alles besser im Griff zu haben. Doch schon nach relativ kurzer Zeit sind die Modelle überholt. Kleinigkeiten machen oft gewaltige Preisunterschiede aus. Kleinköpfige, konservative Echt-Holz-1-Modelle haben längst Raritätenstatus. Großköpfige Konstruktionen, meist mit Titanium und komplexem Trampolineffekt sowie superleichten Schäften sind die Renner.

Darf's ein bisschen weiter sein?

Es vergeht kein Tag, an dem uns nicht Menschen und Medien gekonnt, mitunter raffiniert manipulieren wollen. Überzeugungsarbeit leisten klingt nicht ganz so gemein. Beispiel gefällig? Gern. Golfbälle herzustellen ist keine Kunst. Das denken Nobodys aus Fernost, die alles versucht haben, Fuß zu fassen. Doch seit Jahrzehnten ist der Markt fest in der Hand der Amerikaner. Ihre zum Teil traditionsreichen und auf Profitouren bewährten Ballmarken haben feste Fangemeinden. Und die Branche schlägt Millionen Dollar Rendite aus dem Produkt Ball.

Die Driver wurden mal die Rasierer der Branche, die teuren Bälle die Klingen. Und wie schon im Computergeschäft üblich, sollten die Rasierklingen nur zu dem einen Gerät, sprich Holz oder Eisen, passen, sonst funktioniert „das perfekt aufeinander abgestimmte System" nicht. Doch das Ganze wurde ein Schuss in den Ofen. Die meisten Spieler weigerten sich, wie Marionetten auf die Manipulationsversuche zu reagieren. Die Werber lagen voll daneben.

Dennoch merken wir oft gar nicht, dass andere uns an der Strippe haben und schon längere Zeit die Fäden ziehen. Denn es gibt sie, die geheimen Verführer, sie brauchen nur tief genug in ihre Trickkiste zu greifen, dann können sie auch Kühlschränke an Eskimos verkaufen. Reklamegebrüll oder Realität? Fakt ist: Wir werden beeinflusst und beeinflussen auch selbst, wollen andere in unserem Sinne überzeugen, salopp gesagt rumkriegen, überreden. Wie leicht wir selbst in die Falle tappen, haben wir vor kurzem bei einem Golffreund im Proshop erfahren. Der nette Verkäufer verstand es, ihm mit Schmeichelei auf der Driving Range das viel zu kostspielige Schlägerset anzudrehen: „Sie werden damit richtig lang werden."

Bequeme Treter gehen über alles. Und das vier Stunden lang

Aber selbst Glaube versetzt nicht immer Berge. Empfindliche Füße können ein Lied davon singen. Drückt auf dem langen Weg der Schuh, bahnt sich meist eine Niederlage an. Eigentlich weiß jedes Kind, dass eingelaufene Schuhe Gold wert sind und keine Blasen verursachen. Warum müssen es also neue sein? Mit Schlägern ist das ähnlich – kaum sind die alten eingeschlagen, schielen wir schon nach was Neuem.

Spätestens auf dem Grün wissen wir aber: Es ist völlig egal, wie der Ball ins Loch kommt. Auch der umgedrehte Regenschirm vollbringt das. Doch die Schwelle der Vernunft wird schnell überschritten, wenn der Freund seine perfekte Putt-Linie leichter findet und den Ball mit dem sündhaft teuren Putt-Gerät scheinbar öfter einlocht, als uns das im Wettspiel oder beim Zocken lieb ist.

Bekannter Name oder hübsche Verpackung beeinflusst. Nicht immer vergleichen Konsumenten kühl das Angebot, wägen Preis gegen Leistung ab und wählen zielsicher das beste Produkt. Doch oft durchschauen wir als aufgeklärte Verbraucher die „gute Absicht". Die innere Stimme, also das Bauchgefühl, lässt uns nicht im Stich. Natürlich gelingt es Freunden oder Geschäftspartnern eher, uns dazu zu bringen, Versuchungen oder Verführungen zu erliegen. Menschen, die dem widerstehen, haben Charakter und verdienen unsere Bewunderung.

Kaufrausch. Insbesondere bei Driver und Putter experimentieren Wochenendhacker gern. Aber auch in Formkrisen befindliche Profis wechseln die beiden vielleicht wichtigsten Arbeitsgeräte fast vor jedem

Turnier. Dort stehen dann oft auf dem Übungsgelände Vertreter der Schlägerhersteller Schlange, um die Spieler von den Vorzügen ihrer Ware, auch mit finanziellen Anreizen zu überzeugen. Die Investition soll in der offiziellen Tour-Ranking-List „Nr. 1 bei ..., meist gespielter ..." auszahlen. Zurück zum Hobbygolfer. Leistungsstarke Spieler kriegen Wechselfieber und Kaufrausch logischerweise selten. Oft machen sie den Eindruck, als ob negative Stimmungen an ihnen spurlos vorbeiziehen. Sie sind spielstark, deswegen ist ihre Marke die richtige. Bizarre Werbekracher nehmen sie gar nicht zur Kenntnis, bleiben auch in eventuell gramvollen Zeiten Bewährtem treu. Felsenfest gibt einer zum Besten: „It's the indian, not the arrow!"

Alte Modelle mit Kriegsspuren erhalten bei erfolgreichen Spielern oft den Vorzug gegenüber neustem Hightech

Golfkleidung soll bequem und wetterfest sein. Trotzdem kaufen wir vor allem bestimmte Farben. Warum wohl?

Wild und bunt, na und? Besser als brav und blass? Man nennt dieses Operieren mit Farben auf Neudeutsch Colorbalancing – es soll Body & Soul in Gleichklang bringen und Energie schenken. Prominentes Beispiel gefällig? Gern! Tiger Woods – gewohnheitsmäßigen Fernsehgolfern ist das längst bekannt – vertraut seit Jahren seinem Farbleitsystem zum Wohlfühlen, damit auch seine Wünsche in Erfüllung gehen. Am Finaltag bei Turnieren steht, schwingt und schreitet der Ausnahmegolfer stets mit rotem Hemd über den Platz, um die Ausstrahlung seiner Kraft auf die Gegner zu erhöhen und möglichst den Sieg nach Hause zu bringen. Rot ist sein Stimmungsaufheller, eine Farbe, die anscheinend viele antörnt und beflügelt. Kein Spieler kann sich der Wirkung von Farben entziehen. Sie sind mit verantwortlich für unsere Emotionen und unser momentanes Stimmungsbild, beeinflussen, was wir anziehen, anfassen oder zu uns nehmen. Auch wenn die geheime Kraft der Farben und ihre Auswirkung noch nicht vollkommen durchleuchtet sind, sagt die Lieblingsfarbe eines Menschen doch etwas aus über seine Befindlichkeit. Auch in Sprichwörtern und Lebensweisheiten: Jemand sieht rot, ist gelb vor Neid oder lügt das Blaue vom Himmel herunter, das trifft ins Schwarze, Schwarzseher mag keiner. Mehr den Hauch von Rosarot, der Umschreibung für

Schlauer Shoppen: Wühltische prinzipiell aussparen, stattdessen auf Qualität und Passform setzen

Auckland-City, Neuseeland

Optimismus. Orange gegen Regen, Grün entspannt, Blau beruhigt und Lila bewirkt für Gläubige gar mehr Gelassenheit. Andere dagegen sehen in Lila den letzten Versuch. Aber bei allem Schönreden, die Erkenntnis bleibt: Farben lassen sich nicht fest zuordnen.

In erster Linie kommt es darauf an, wo, wann und wie wir sie in der Freizeit oder im Geschäft einsetzen. Black is beautyful. Elegant. Mode- und Schlankmacherfarbe immer noch und immer wieder. Schwarz steht für Demut, Ernst und Macht, aber auch für Angst und Zaghaftigkeit. Die Lieblingsfarbe der Deutschen ist Blau, gefolgt von Rot und Grün. In der Golfmode gibt es Saisontendenzen, aber keine klaren Farbgesetze. Im Gegensatz zur Automobilbranche. Dort erzielt seit Jahren Silber den höchsten Wiederverkaufswert.

Bei Kleidung wirkt Rot aktiv. Jeder, der es trägt, muss es aushalten können, dass er öfter nach seiner Meinung gefragt wird. Rot symbolisiert Selbstbewusstsein, Kraft und Leidenschaft, die, zugegeben, bis hin zur Aggression ausschlagen können. Ähnlich anregend finden viele Gelb. Es bringt unsere Kreativität, das Denken und den Verstand in Schwung. Braun steht für bodenständig und symbolisiert Behaglichkeit. Blau wirkt im Sommer frisch und kühl. Grün steht für Hoffnung, Weiß für Unschuld, Reinheit, Klarheit. Grau wie die Maus vermittelt Vorsicht und Kompromissbereitschaft. Eine Regel für die Überlegung lautet: Je monochromer und dezenter Farbtöne ausfallen, desto weniger dominant fallen sie in ihrer Wirkung auf den Träger aus. Am besten, wir halten uns immer das ausgewählte Kleidungsstück ins Gesicht. Strahlen die Augen, unsere Seelenspiegel, wirkt die Haut durch die Farbe frisch, passt es. Seriöse Farb- und Stilberater geben uns wertvolle Anregungen, helfen, falsche Farben zu vertreiben und gute Farben als Stützen des Selbstbewusstseins zu tragen. Es ist erstaunlich, wie erfolgreich das aufs Spiel, aber auch auf den Alltag abfärbt.

Shopping ist lustvoll, kann aber innere Leere nicht ausfüllen

Sich geschmackvoll anzuziehen ist immer eine Sache des Instinkts, vielleicht auch der Erziehung, aber niemals eine Sache des Geldes

Maggy Rouff

Stichwort

Was steckt in der Tasche?

Tasche stets startbereit halten!

Besteht in der Golftasche eine übersichtliche Ordnung, geht vieles mit Sicherheit auf dem Platz leichter von der Hand.

- Nützliche und persönliche Utensilien nach Gebrauchsgruppen aufbewahren: Bälle, Tees, Pitch-Gabel, Marker, Bleistift, Score-Karte und Stroke-Saver finden im oberen Teil der Tasche Raum
- Ersatzbälle, Filzstift für wasserfeste Ballkennzeichnung, aktuelles Regelbuch ins Fach darunter legen
- Sonnenschutz, Mützen, Regenbekleidung, Reservehandtuch und Ersatzhandschuh, möglichst in einem Plastikbeutel, im größten Fach ihren Platz geben
- Genügend Getränke und Proviant, frisch eingepackt, leicht zugänglich in ein Extrafach packen
- Je nach Platz auswählen: Welcher Schläger bleibt, welcher wird heute nicht benötigt?

Schläger in der Praxis prüfen

- Es lohnt sich, mehrere Meinungen einzuholen, wenn Hochpreisiges anfällt
- Notizen machen: Erwartungen festhalten, damit in der ganzen Aufregung beim Ausprobieren kein Gedanke verfliegt
- Sich im Pro-Shop oder unter der Web-Adresse des Herstellers nach Demo-Days erkundigen
- Test so ernst nehmen wie die Golfpartie: Gestretcht, eingespielt und mit Golfhandschuh und -schuhen sowie der üblichen Schlagroutine loslegen
- „Alte“ und möglichst viele „neue“ Schläger mit unterschiedlichen Schäften im Flugverhalten, in Weite und Treffpunkt (Tapeband-Kontrolle) vergleichen
- Pro fragen, ob ins Auge gefasste Schläger das Spiel verbessern
- Keine Zweifel nagen lassen: nach Prüfung der Schläger mindestens einmal darüber schlafen. Blitzgeschäfte wecken später Zweifel

Wozu das Ganze?

Ist Golf, ist das Leben überhaupt sinnvoll? Meist beschäftigen wir uns erst mit der Frage, wenn etwas grundlegend schief läuft oder besonders schwierige Aufgaben anstehen

Nicht so hastig! Gute Gefühle wollen bewusst ausgekostet werden. Keiner weiß, wie lang sie anhalten. Geht jemand übers Fairway und ein gewaltiger Drive zischt um Millimeter an seinem Kopf vorbei, meint für einen Augenblick auch der coolste Rationalist die Hand Gottes, die Macht des Schicksals zu spüren und dem Himmel oder Ähnlichem danken zu müssen. Es gibt sicher Situationen, da strömt das Gefühl „Glück gehabt" direkt ins Herz. Und der fast Getroffene sprüht freudig erregt und wie verrückt vor guter Laune.

Woher kommen wir? Warum sind wir da? Alles Zufall? Machtspielerei? Glaubenskrieg? Natürlich tauchen beim Forschen unablässig Fragen auf. Verstehen und Erkenntnis bilden die Auslegeware. Mancher pfeift drauf, andere treten oder knien gar drauf. Das Graben nach Ursprüngen endet nie: Was war gut? Was bleibt mir noch? Und wie wird die künftige Ausrichtung sein: weiter mit Neuem in Berührung kommen oder verbissen am Alten festhalten?

Die Macht der Ohnmacht treibt einzelne Menschen fortwährend in die Action-Falle. Sein Ball ist noch im spielbaren Bereich knapp am Bachufer geblieben, obwohl er alles auf eine Karte setzte. „Es hatte

Im Haus Gottes Entspannung suchen: Gläubige streben Zufriedenheit an, die macht es ihnen leicht, sich und anderen zu verzeihen

Faithlegg, Waterford, Irland

seine eigenen Quellen", sagt der Freund zum Duselbruder. „Idee" nannte es der weise Platon, von der Seele sprechen die Christen, wenn sie Gott und den Sinn des Lebens suchen. Realitäten, Sehnsüchte und Wunschdenken verwischen sich. Dem Universum sei Dank. So manche Sinnkluft wird durch einfache Bilder überbrückt. Klingt kitschig. Doch Gefühle und Gedanken sind nun mal untrennbar miteinander verwoben. Emotionen sind immer im Spiel. Auch wenn wir noch so oft hören: „Nun bleib doch mal sachlich, lass die Gefühle außen vor." Sinnlose Versuche. Der freie Wille mag illusorisch sein, weil Realität wichtig ist für die Ordnung im Meer der Emotionen, in dem uns das Denken und Handeln oft zu unbekannten Ufern treibt.

„Wir können den Nachmittag des Lebens nicht nach demselben Programm leben wie den Morgen", sagt herausfordernd Psychoanalytiker Carl Gustav Jung. Kurskorrekturen und Zielsetzungen gehören zum Alltag, um die Persönlichkeit in Balance zu halten. Innere Werte kommen mit den Jahren mehr in Mode. Und der Drang, in Ruhe Golf zu spielen, erhöht sich auch in meinem Alterskreis deutlich. Der geschätzte Golfbegleiter sagt obendrein: „Das Ganze kannst du aber nur durchziehen, wenn dir das Glück hold ist und du zu den Menschen zählst, die es geschafft haben, unabhängig von anderen zu sein und das Leben weit gehend selbst bestimmen zu können."

Je sinnvoller beschäftigt, desto länger lässt sich wohl leben

Ein rüstiges Ehepaar, weit über die Siebzig, hält viel vom herzlichen Händeschütteln oder Schulterklopfen. Die Dauerläufer bauen auf ihre gesunde Ich-Struktur, bleiben bevorzugt im Hintergrund und wollen nichts Bahnbrechendes reißen. Sie ruhen in sich selbst. Aufregungen im guten Sinn festigten und reiften ihre Persönlichkeit. Für die beiden, die wir meist mit einer Zigarette sehen, gibt's keinen Grund für Gestöhne. „In dem Moment, in dem ich meinen Motor abstellte, würde ich schneller alt", sagt der Mann, bevor er noch einen Zug durch die Lunge zieht. Die Ergrauten zehren von ihren psychischen Ressourcen, die sich im Laufe des Lebens entwickelten. Neidisch stellt die Umwelt fest: Bei denen scheint es unmöglich, dass sie sich ärgern, sie ticken unheilbar verständnisvoll und unermüdlich positiv. Ein Flüchten in den Konjunktiv lehnen sie kategorisch ab: Hätte, könnte und wäre, gehören längst endgültig der Vergangenheit an. So gelingt es dem Paar sehr wohl, der Zeit den Zahn zu ziehen.

Ein gewisser Zeitdruck, Sachen dauerhaft kreativ und produktiv zu bewältigen, wirkt sich gesundheitsschützend aus. „Ständiges Agieren an der Leistungsgrenze allerdings erhöht die Unzufriedenheit. Ein stetig steigendes Stressniveau zieht Schaden nach sich. Bevor man sich umsieht, klopft der Sensenmann an die Tür", verrät der rüstige Herr munter. Und: „Jemand, der wenig Liebenswertes an sich hat, kann kaum für sich selbst Freundliches empfinden. Jeder lernt mit den Jahren, je nach Tagesform und Laune, zu schätzen, was ihm wichtig ist." „Wer nichts mehr mit seinem Leben anfangen kann, sich selbst hasst, verweigert, muss weiter gegen sein Sinnlosigkeitsgefühl kämpfen", ergänzt die Rüstige.

Widmen wir uns denen, die sich ihr Leben lang vom Pech verfolgt fühlen. Irgendwie wollten sie es auch schaffen!

Den Charme des Alters als Chance nutzen

Natürlich kann Alter auch belasten. Krankheiten können kommen. Einsamkeit kann einkehren. Wer sich nach vielen aufreibenden Jahren zu abrupt in Rente begibt, gefährdet sich. Ungeahnte Freizeit im Überfluss kann killen. Jeder kennt aus seinem Bekanntenkreis schockierende Geschichten, in denen über Jahre, vielleicht Jahrzehnte chronisch Gehetzte plötzlich im Urlaub oder gleich nach dem Abschied vom Arbeitsleben einen Herzinfarkt oder Gehirnschlag erlitten. Das Runterschalten von einer 60-Stunden-Woche auf normale Gangart warf die Bedauernswerten aus der Bahn. Bleiben gewohnte Adrenalin-Kicks aus, ordnet der Körper das nicht als Entlastung ein, sondern registriert es als extremen Entzug. Wer sein Golf vernachlässigt, Bewegungen im Alltag auf ein Minimum reduziert und so gut wie keinen Schritt mehr aus dem Haus geht, verliert Lebenskraft. Genauso wie jene, die sich geistige Zwangsjacken verpassen, den Tag voll knallen mit Terminen. Im Würgegriff der Alltagshatz halten sie sich von keiner Ablenkung fern, hüpfen von einer zur anderen und wollen mit steigenden Anforderungen ständig Tolleres erleben. Rasch macht sich das Gefühl breit, kaum noch Kontrolle über den Tagesablauf zu haben. Unkonzentriert, fahrig und aufbrausend gehen solche Typen dann auch auf dem Golfplatz zu Werke. Das, was bislang für sinnvoll und richtig gehalten wurde, erscheint ihnen mit den Jahren langweilig oder gar falsch. Tiefpunkt erreicht? Demoralisierende Gedanken nach einem verpatzten Loch oder hinterlistige Sprüche schmettern stabiles Selbstbewusstsein ab. Zudem schwindet die Leichtigkeit.

Linientreu bekennt sich ein langjähriger Geschäftsfreund zu seinen Masken: „Keiner kann mir das kritische Denken nehmen." Sanft lächelnd mit einem Anflug von Arroganz des Alters sagt er weiter. „Gewisse Eigenarten halten sich ewig. Lässt mich jemand warten, treibt mich das halb in den Wahnsinn." Aus Prinzip versteht der Überflieger absolut keinen Spaß bei Unpünktlichkeit. „Zu viele Leute leben einfach auf Zeitkosten anderer."

Kriegen wegen unverschämter Warterei viele im Ruhestand die Alterskrise? Kommen ältere Menschen gar nur noch im Lehrmeisterton mit erhobenem Zeigefinger daher und beharren darauf: „Ich will ja bloß meine Erfahrungen weitergeben." Früher war alles viel frecher und fescher? Einfach besser? „Generell", meint der Manager alten Schlags, „steht's keiner Generation gut zu Gesicht, bloß noch ihre eigenen Ansichten gelten zu lassen und alles andere zu übersehen, zu ignorieren und zu blockieren."

Persönlichkeit ist das Produkt von Beziehungen

Die Einsicht glücklicher Oldies sollte sich breit machen. „Es ist sinnlos", meint ein Alter mit schlohweißem Haar, sonorer Stimme und der zurückhaltenden Art eines norddeutschen Bankiers, „Energie in die Abwehr von Klischees zu investieren. Die sind immer stärker, sonst wären es ja keine." Einem anderen Leid Tragenden am Tisch kommt schon mal der Kaffee hoch beim Spruch: Alt werden ist wunderbar. „Was für ein Quatsch, das ist erstunken und erlogen", polarisiert er energisch. „Mir macht es nämlich überhaupt keinen Spaß, zum alten Eisen zu zählen." Die Aussage des Betagten, stützt sich auf das subjektive Gefühl, dass Offenheit und Beistand im Alter geringer werden. Einsamkeit nimmt zu. „Ganz zu schweigen von der Spirale des Verbrauchs und des Verschleißens nicht nur von Gütern, auch von Beziehungen. „Irgendwann muss ich die Welt verlassen – allein, wie ich gekommen bin", sagt der sensible Greis leise. Vor dem Hintergrund versucht der Gute, Erfahrungen weiterzugeben und im Rahmen seiner Möglichkeiten nahen Menschen mit Rat und Tat zu helfen. „Je mehr ich gebraucht wurde, umso besser erwies sich das mit den Jahren für mein Selbstbewusstsein!"

Ob's das Schicksal gut meint, liegt oft an uns selbst. Bestimmt bilden Lebensfülle und Zufriedenheit das Fundament für Langlebigkeit

Keiner muss erst in der Bedrängnis Schönes leuchten sehen. „Die ganze Welt ist eine Theaterbühne", sagt ein Philosophenwort. „Wir betreten sie und dürfen darauf eine Zeit lang unsere Rolle spielen." Redlich schaffen und sich wenig gönnen mag dabei ehrenwert sein. Nichts tun und viel genießen scheint anrüchig wie Jaguar fahren, monogam lieben und zufrieden ein kleines Bäuchlein vor sich hertragen, das man mit den Jahren lieb gewonnen hat.

Dankbarkeit kann man nicht einfordern

Ungekünstelt darf jeder Reifere mehr vom Leben verlangen, wenn seine Kinder aus dem Gröbsten raus sind. „Endlich", sagt ein Jungsenior, „jetzt fängt das Leben richtig an." Mit dem Wohlstand wächst bei ihm die Lust aufs pralle Leben. Reichhaltig präsentiert sich ihm das Anti-Aging-Angebot. Ideal für alle, die an Altersverdrängung leiden. Immer mehr tappen in die Methusalem-Falle, leben in der Vorstellung, das Alter ihr Leben lang hinausschieben zu können, wenn sie nur das rechte Mittel finden. Trendbewusste Werbestrategen einer mächtigen Lebensverlängerungsindustrie schüren täglich neue Hoffnungen. Ihre Werbung liefert Ratschläge, Verhaltensanleitungen und Orientierungshilfen in Sachen Lifestyle und Lebensgefühl. Geschickt suggerieren sie: Wir machen den Weg frei, bieten die richtige Altersvorsorge und Antifaltenmittel, um Furchen glatt zu bügeln. Gern würde der eitle Sechziger dafür aufs Privileg Seniorenrabatt verzichten.

*„Gesundheit kauft man nicht im Handel, denn sie liegt im Lebenswandel"**

„Flapsig ausgedrückt, rücken wir unserem Verfallsdatum täglich näher", sagt ein Alter. „Trotz täglicher Vitaminstöße, Hormonspritzen, Melatonin-Pillen. Ebenso taugt es wenig, mit exzessivem Sport krampfhaft vorm Alter zu fliehen. Mit ihrem Motto „Es wird schon gehen" muten sich manche ständig zu viel zu und stehen über kurz oder lang im Regen. Durchatmen. Jegliche Extremleistung puscht bekanntlich den Stoffwechsel auf Hochtouren. Das produziert reichlich freie Radikale, die den Alterungsprozess in den Zellen eher beschleunigen, statt ihn zu bremsen. „Vernünftige Ernährung, ausreichend Schlaf und kontinuierlich moderat betriebener Sport sorgen am besten für soliden Ausgleich", tut wenig originell, aber eindringlich der Pro kund. Natürlich kostet das Disziplin. Jugendwahn untergräbt in den Augen des Erfahrenen auch die Möglichkeit, Schwungumstellungen auf dem Platz locker anzugehen um mehr Weite herauszuholen oder zu halten.

Man ist immer der Reichere von den Ärmeren und der Ärmere von den Reicheren

Lange gesund zu golfen beginnt im Kopf. Das Leben zu akzeptieren, wie es ist, wird mit den Jahren schwerer. Unzufriedenheit im späten Herbst kann die Quittung sein. Wann hast du dir eigentlich Glück verdient? Wenn du unermüdlich pünktlich und stets beflissen zur Stelle warst? Oder eher, wenn du zufällig zur rechten Zeit am rechten Ort aufgetaucht bist? Musstest du durch und durch integer sein oder doch mal ein bisschen verschlagen?

Von der Warte des streitbaren Pros aus scheinen glückliches Altern und ein erfülltes Leben eine leichte Aufgabe zu sein. Mehr oder weniger widrig wird mit dem Pegelstand des Alters für einige die einfache Bewältigung des Alltags. Emotional, geistig und körperlich birgt ihr Dasein eine Anzahl Kräfte raubender Aktionen. Tief im Inneren unserer Körperzellen, sagen die Forscher, lässt sich theoretisch der Stand der Lebensuhr ablesen. Die Mechanismen, die bewirken, dass alles Leben ewig sein soll und dennoch vergänglich ist, die uns nach immer Neuem dürsten lassen, obwohl wir jetzt so lange leben wie noch nie zuvor in der Menschheit, sind noch längst nicht ergründet.

*Karl Kötschau

Ruhe und Abgeschiedenheit sind unerlässlich für mentale Stärke

Reflection Bay, „The Ritz-Carlton", Las Vegas, Nevada

Nicht jeder wird auf die gleiche Weise alt. Viele wollen gern alt werden, aber nicht alt sein. „Mehr Zeit für sich selbst finden, soziale Kontakte pflegen, alles ruhiger und gelassener angehen will gelernt sein", grübelt ein beliebter Pensionär vor sich hin. „Eigenartigerweise fürchten die wenigsten, die ich kenne, einen schlagartigen Tod. Doch vorm Dahinsiechen im Alter haben die meisten Angst."

Der Glaube hat viele Gesichter und die Suche nach dem wahren Glauben treibt uns um

„Not lehrt beten", sagen häufig Menschen, denen das Schicksal hart mitspielt. Manche geraten bei intensiver Forschung nach Lebenshilfe – oder Lebenslüge – in eine Zwickmühle. Mal fühlt sich der Glaubenswillige in seiner Religion geborgen, mal lästert er gegen mangelnde Entscheidungsfreiheit. Oft fehlt es am Gespür, Sinnvolles und Sinnloses zu erkennen. Zumal Glaubensgemeinschaften die Bewahrung der individuellen Sensibilität, Richtiges von Unrichtigem zu trennen, wenig kultivieren, eher unterdrücken oder gar bekämpfen.

Mut, sich auch nach außen zu etwas – „der Macht der Mächte" oder „dem Herrn im Himmel" – zu bekennen, zeigt nur eine Minderheit. Auch der Nachwuchs lässt sich selten zu Kommentaren über Glaubensfragen hinreißen. Im Clubhaus kanzelt ein Heranwachsender ältere Gläubige allzu pauschal als „engstirnig, realitätsflüchtig und bigott" ab. Im Diskurs bastelte er sich aus verschiedenen Glaubensströmungen, Lehren und Praktiken seine Kraftquelle, sein Lebenselixier – und seine Wahrheit. Wahrheit: ein strapaziertes Wort. Die Zutaten für seine Glaubensmischung stammen aus dem spirituellen Supermarkt. Er schämt sich nicht, es auszusprechen. Angesagt sind momentan eine große Prise Buddhismus, etwas Tantra aus der Ecke der Esoteriker und ein wenig feiner Zen für die Bewusstseinserweiterung. Ernsthafte Widersprüche wiegelt der Halbwüchsige ab. „Ich hab mir nach meiner Mentalität und Veranlagung meine eigene Religion zurechtgepuzzelt." Und die ist schrill. Andere glauben still, tief und naiv. Vielfältig sind Gebote, Gebete und Gestalten des Glaubens.

Bunkerdenken und Fanatismus geht man am besten schnell aus dem Weg

„Sekten, Esoterik- und Meditationsorganisationen bieten bisweilen fragwürdige Tages-, Wochenend- und Jahrestherapien. Wer schnell einknickt, es sich leicht macht, einfach andere nachäfft oder gar keine feste Überzeugung in Glaubensfragen hat, gerät rasch in Abhängigkeit. Einer führt an und andere folgen brav, lassen sich bloß auf bequeme Dinge ein, wollen mit möglichst geringem Einsatz größten Vorteil erzielen. Sicher bedeutet Masse Geselligkeit, Gemeinsamkeit und Zusammenhalt. Doch wenn es sich in Diskussionen unangenehm zuspitzt, Fanatiker das Heft in die Hand nehmen und verzückt behaupten, die absolute Wahrheit gehöre ihnen allein, und keine Abweichler dulden, droht Gefahr, die in extremen Fällen Aussteiger noch nach dem Ausscheiden verfolgt.

Golfer, die über ein hohes Maß an Selbstvertrauen und Selbstbewusstsein verfügen, lassen sich Gott sei Dank nicht so schnell von Sekten mitreißen. Sie haben gelernt, wie wichtig die Freiheit im Kopf ist. Sie bleiben erdverbunden und selbstständig. Ihr innerer Kompass gibt den Ausschlag für Entscheidungen im Golf, Geschäft und in der Glaubensgesellschaft. Mit aufgeschlossenem Wesen, „nicht alle Gedanken müssen weiß sein wie ein Golfball", betrachten sie bei der Suche nach Glück und Genuss die Koordinaten hochgradig positiv.

Die Gruppe ist gut aufgelegt, die Weisheiten fliegen hin und her zwischen jung und alt. „Im höheren Alter wächst bestimmt die Ausgeglichenheit, und Gereiztheit und Nervosität nehmen ab. Doch mit erhöhtem psychischem Wohlbefinden fällt häufig die gesundheitliche Befindlichkeit", sagt ein Betagter. „Und mitten im Grünen sprudeln die Quellen des Ichs", ergänzt ein alter Liebhaber des Lebens. „Dort entdecken wir immer wieder aufs Neue die Natürlichkeit. Spüren: Verwegene Kräfte werden auch spät noch frei."

Emotionale Zuwendung: sich für Probleme und Nöte anderer interessieren

Angst vor dem Alter kennt der Unabhängige nicht. „Ich habe gar kein Gefühl für mein Alter." Der Verwöhnte, der Connaisseur verfügt über die Gabe der kindlichen Begeisterung. Was er noch mit über fünfundsiebzig Jahren vorhat, wird durchgezogen. Lässig hält der Dauerläufer bei Turnieren 18 Loch mit und schlägt weiterhin manch jungen Spieler. Er ist heute, wenn wir seinen Worten glauben dürfen, noch ein sturmfester Himmelhund und flotter auf den Beinen als vor zwanzig Jahren. „Ich bin zufrieden. Ich habe viele gute Seiten in mir zum Klingen gebracht und einen Haufen Glück gehabt." Er konnte, weil er so freundlich ist und höflich – einer, der auf Anhieb Sympathie gewinnt –, im Weltspektakel scharf beobachten, aufmerksam zuhören und mehrfach in Gesprächen tragende Brücken bauen. Alle auf ihrer Stufe gelten lassen. Jeder hat es selbst in der Hand, aus dem Gegebenen stets das Schönste herauszuschlagen. Der Vorsatz, lange fit und froh zu bleiben, bringt uns am besten dem Ende näher. Je früher wir damit anfangen, desto besser. „Wer sich erst mit 70 Jahren auf eine gesunde Lebensform besinnt, ist möglicherweise zu spät dran", sagt, mit Blick auf die Jungen im Kreis, ein hochgeschätzter Golfer, der das Glück hatte, gesund ein biblisches Alter zu erreichen.

Sicher schlägt jedem einmal die Stunde. Doch wer Stress und Schicksalsschläge gut wegsteckt, schafft sich die Ausgangsposition, uralt zu werden

Klare Aussichten, lange am Ball zu bleiben. Im Schoß der Natur ziehen Spielbahnen durch Wiesen und Wälder. Dann und wann kreuzt Wasser spektakulär den Weg. Ein Traumplatz im Sonnenschein. Manch Spieler weiß, wem er das Setting verdankt: dem Herrgott. Fällt dann noch die ganze Runde turbulent und toll aus, hat „der da oben" Regie geführt. Es ist doch immer wieder sehr befriedigend, einen Schlag, ein Loch und gar den ganzen Platz gemeistert zu haben. Das Lächeln aus Entschlossenheit und Triumph bestätigt: „Das hab ich verdient." Der Golfer liebt starke Belege.

Dankbarkeit ist ein Schlüssel zur Zufriedenheit

Bleiben wir bescheiden. Gerade wenn wir vom Ergebnis her mal wieder durchfallen. Erfahrungsgemäß verarbeiten, verzeihen und entwickeln gläubige Menschen leichter Verständnis für andere. Und auch für sich selbst! Sind nachsichtiger bei hundsgemeinen Tricks, boshaften Sprüchen und miesen Aussetzern. Wir spielten vielleicht heute schwach, weil wir nicht behutsam genug mit unseren Schlägern umgegangen sind. Wir sind aber dankbar, dass wir gelernt und die 18 Loch erlebt haben. So können wir uns erlauben, auch öfter mal danebenzuliegen. Beste Voraussetzungen, uns endlich sorgenfrei und ohne Gedanken über den Bauchansatz auf den Ball zu konzentrieren und die stille Freude eines Birdies in der Dämmerung zu genießen.

Ach ja, welchen Sinn das Ganze hat, wollten wir wissen. Eigentlich lässt sich alles in Frage stellen. Macht es denn überhaupt Sinn, was wir tun? Glaubhaftes Golfspiel, launig unterm Regenbogen, holt oft auf wundervolle Weise mehr aus uns raus, als wir selbst für möglich halten. „Jegliche Suche nach Sinn ist sinnvoll. Im Grunde sind wir Golfer Gastspieler auf der Erde. „Sicher", meint ein liebenswerter Freund, „hinterlässt unser Vorhandensein Spuren: verschossene Bälle, gesammelte Score-Karten und mehr oder weniger Vermögenswerte. Wenn wir es genau nehmen lauter Leihgaben vom lieben Gott ..."

Stichwort

Wozu das Ganze?

Sinnvoll bin ich gut unterwegs

Im Golf geht es nur darum, sich ganz auf sich selbst zu konzentrieren. Damit manches ein anderes Gesicht und auch ein anderes Gewicht bekommt, unterziehen wir uns zum guten Schluss persönlichen Sinn- und Glaubensfragen.

Die Macht der Gläubigkeit macht manche unglaublich sinnenfroh

- Eine furchtlose Religiosität muss längst keine Realitätsflucht oder Engstirnigkeit sein
- Beten zu einem sanftmütigen Gott und in einer wenig strengen Glaubensgemeinschaft entspannt und baut Stress im Spiel wie im Alltag ab
- Weniger die Häufigkeit des Betens als die Intensität führt zu Entspannungseffekten
- Glaube kann Genesungen begünstigen und zu gesünderen Lebensgewohnheiten führen
- Bist du zufrieden mit Gott und der Welt, neigst du leichter dazu, menschliche Schwächen nachsichtiger zu beurteilen und anderen zu verzeihen
- Entwickle dein Gefühl, auch das Leid zu umarmen
- Frage dich öfter: Was und welche Beziehungen hast du in letzter Zeit vernachlässigt?
- Bleibe im Wesen aufgeschlossen, denke dir: Geben ist seliger denn nehmen
- Unterstütze Freunde, Nachbarn und Verwandte. Oft genügt es schon, Zeit, Interesse und Anteilnahme zu zeigen
- Nie Freude, Freunde und Frieden für selbstverständlich halten
- Früh gegen die Angst im Alter, nicht mehr gebraucht zu werden, vorgehen
- Koste den gegenwärtigen Augenblick aus und denke erst dann ans Vorsorgen
- Religiöse Menschen erleben die letzten Stunden, „das Wort in Gottes Ohr", weniger angstvoll